江戸・東京

ぶらり歴史探訪ガイド

今昔ウォーキング

江戸文化歴史研究家
瀧島 有 監修

Mates-Publishing

江戸・東京 ぶらり歴史探訪ガイド 今昔ウォーキング 全27コース　もくじ

1章　江戸城編

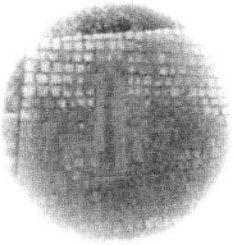

2章　有楽町・銀座・築地編

3章　日本橋・赤坂編

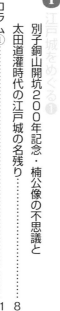

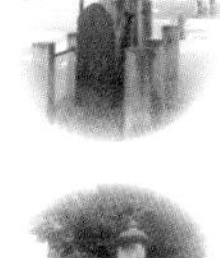

※本書は2016年発行の『江戸・東京ぶらり歴史探訪 ウォーキング』を元に加筆・修正を行っています。

の図が抜けておりました。正しい

です。

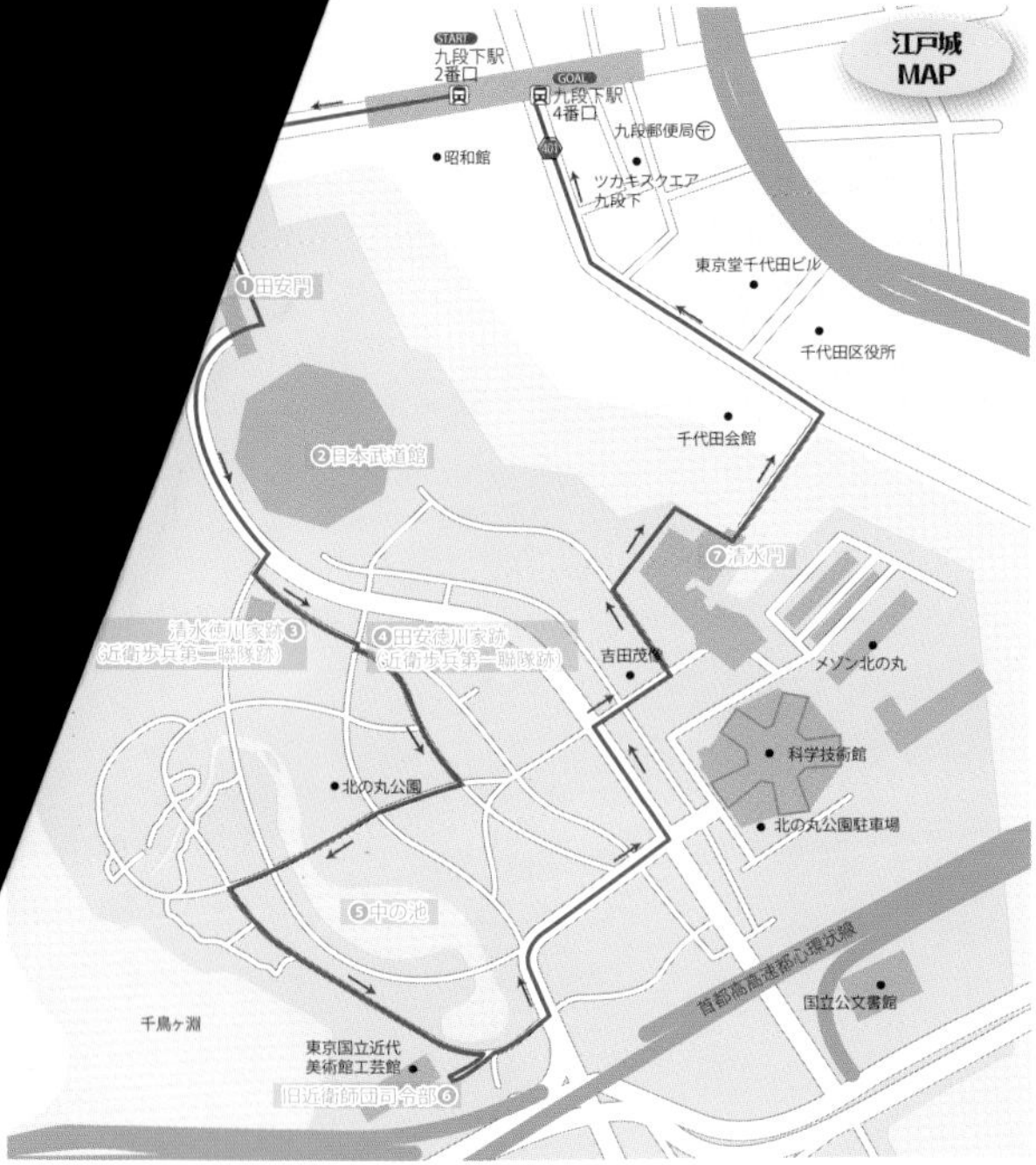

読者の方はじめ、関係者の皆様方にはご迷惑をおかけ致しまして、誠に申し訳ございませんでした。

2021年3月

訂正のお知らせ

著者 / 有限会社イー・プランニング
発行 / 株式会社メイツユニバーサルコンテンツ

『江戸・東京　ぶらり歴史探訪ガイド　今昔ウォーキング』におきまして、下記の間違いがありました。訂正し、お詫び申し上げます。

● P33　ページ上部の写真番号

【誤】 ①

【正】 ②

● P51　MAP内の施設名（MAP中央左斜め下辺り）

【誤】上野恩寵公園

【正】上野精養軒

● P86　コースガイド　本文1段目6行目

【誤】荒川区の説明番～

【正】荒川区の説明板～

● P87　写真番号⑤のキャプション
【誤】草七福神の～
【正】浅草七福神の～

● P92　④の見出し
【誤】日本最大の梵鐘
【正】東日本最大級の梵鐘

● P106　アクセスの行き
【誤】JR・水道橋駅（西口）
【正】JR・駒込駅（南口）

● P113　写真番号⑧のキャプション
【誤】～命名された雉子橋えた
【正】～命名された雉子橋

● P116　右の写真のキャプション
【誤】白山通り（301 号）と旧白山通り（国道 17 号）に分かれる千石駅前交差点
【正】コースのスタートとなる JR・駒込駅北口

● P120　コースガ
【誤】～川沿いを
【正】～川沿

● P21　江戸城 MAP
MAP 内に⑤中の
MAP は以下の通り

● P121
【誤】（新江戸
【正】（肥後細川庭

● P121　写真番号③右
【誤】約３万８千坪の広大な
は新江戸川公園の入り口）
【正】約３万８千坪の広大な敷地を
は肥後細川庭園の入り口）

● P122　目白～江戸川橋 MAP 内の施設名（
央辺り）
【誤】新江戸川公園
【正】肥後細川庭園

● P126　④成覚寺／子供合埋碑　本文５～６行目
【誤】その数は 2200 とも 300　0 余りとも。
【正】その数は 2200 とも 3000 余りとも。

はじめに

皆さん、こんにちは！　はじめまして！
江戸文化歴史研究家・作家の瀧島　有です。
この本を手に取って下さり、ありがとうございます。

江戸文化の教室を持ち、江戸文化の本を書いて出す以外に、数年前に江戸文化研究会「平成江戸幕府」を創立して以来、江戸の名所などを巡る江戸ツアーを主な活動として、毎月１回主催しています。

東京は僅か１６０年前、「江戸」という、人口１００万人以上で当時世界最大人口の、巨大にして極めて清潔な町でした。当時の建物や道、ものや商売などは関東大震災や東京大空襲、東京オリンピックなどでかなり失われましたが、それでもまだまだたくさん、東京都内に残っています。

一人でも多くの方々に「江戸時代の名残り」や名所などを知って頂ければと思い、書きました。

全て本の通りに巡る必要はなく、皆さんのお好みで「今日はこことここ」「近所だから行ってみよう」など、気軽にご自由にお使い下されば嬉しいです。

本書の使い方

◎本書の情報データは 2020 年 9 月現在のものです。
◎歩行距離と歩行時間は最短の目安として示しています。
◎本書記載の時間・歩行距離には、各場所・施設内での見学や休憩に要する時間・距離は含まれていません。

江戸・東京 ぶらり歴史探訪ガイド
9 エリア全体図　　東京 23 区分布図

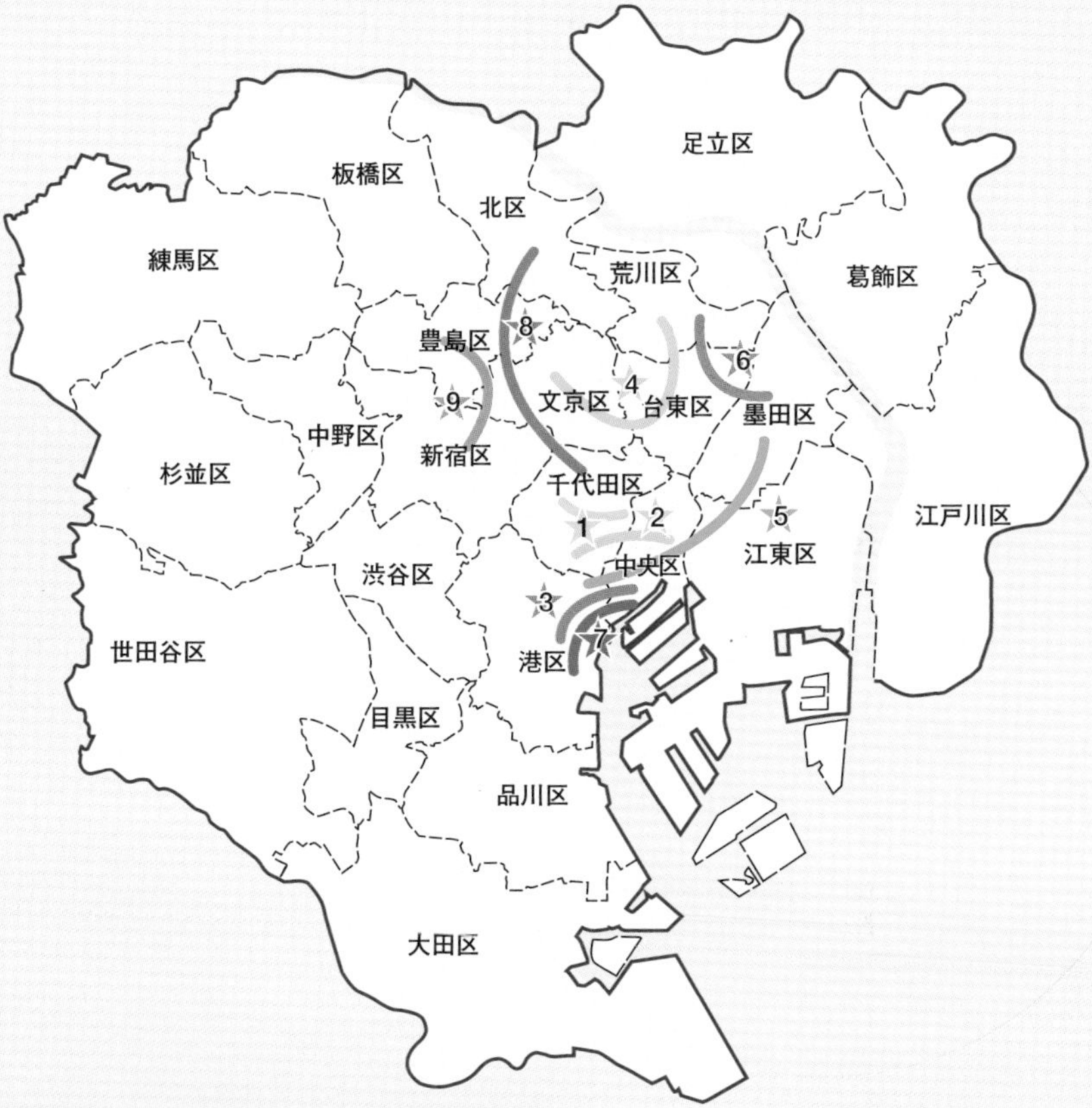

★1章　江戸城をめぐる（千代田区）

★2章　有楽町・銀座・築地をめぐる（千代田区・中央区）

★3章　日本橋・赤坂をめぐる（中央区・港区）

★4章　上野・谷根千・湯島・浅草をめぐる（台東区・文京区・荒川区）

★5章　亀戸・両国をめぐる（墨田区・江東区・中央区・港区）

★6章　吉原をめぐる（墨田区・台東区・荒川区）

★7章　芝をめぐる（港区・中央区）

★8章　小石川・駒込・巣鴨をめぐる（文京区・豊島区・北区・千代田区）

★9章　目白・新宿をめぐる（豊島区・文京区・新宿区）

第1章　江戸城編

桔梗門で桔梗紋瓦、番所で葵の御紋瓦を探すべし。

維新時に葵の御紋は菊の御紋に取り替えられたため、残存数が極めて少ない。松之大廊下は小さい石碑で見過ごしやすいので注意。展望台は空いており眺めも良くお勧め！

▲楠正成銅像

1 江戸城をめぐる❶

別子銅山開坑200年記念・楠公像の不思議と太田道灌時代の江戸城の名残り

アクセス 【行き】JR・有楽町駅（国際フォーラム口）
【帰り】東京メトロ・大手町駅（C13b 口）

総距離 …約 2.8km　徒歩による所要時間 …40 分

コースガイド

ＪＲ有楽町駅国際フォーラム口の目の前にある横断歩道を渡り、ビッグカメラ有楽町店を左手にその先の信号を渡って右折する。

さらに横断歩道を渡ってまっすぐ進むと、「東京国際フォーラム西」という信号に出るので、そこを左折。中央分離帯に「馬場先門」という標識が見え、「馬場先門」という信号を渡ると、お堀の手前に❶**馬場先門の史跡標**がある。

お堀を渡って城壁を越えると、江戸城跡の案内版があり、そこを左折すれば、右手前方に❷**楠正成像**が見えてくる。放射状になっている道路をそのまま直進して内堀通りへ出たら、左折して祝田橋を渡る。右折してお堀添いに歩いていくと、右手に❸**桜田門**が見える。橋を右折し、さらに右折して門をくぐったところに「桜田門」の石碑がある。

お堀沿いに歩き、左折してしばらくすると、左手に❹**二重橋（正門石橋）**が見えてくる。二重橋を左手に見ながら、さらにお堀に沿ってまっすぐ行くと、左手に坂下門がある。そこを右折し、お堀沿いに左折したところに❺**桔梗門**が見えてくる。

桔梗門を正面に右折すると、角のところに❺**巽櫓**がある。内堀通りを渡り、和田倉噴水公園を正面に左折すると、「大手門」信号があり、そこを右折したところ、パレスホテルの裏側に大手町駅へ至るＣ１３ｂの出入り口がある。ちなみに、お堀を直進したところにＪＲ東京駅がある。

各史蹟解説

1 馬場先門跡

江戸城内郭門の1つで枡形門があったが架橋されず、不開門《あかずのもん》と呼ばれていた。家光が将軍就任祝賀で来日した朝鮮通信使の特使団の曲馬を門内の馬場で見たため、いつしか馬場先門の名称になる。日露戦争後に堀を埋め、門を撤去した。

▲不開門と呼ばれていた

2 楠正成銅像

住友家が別子銅山開山200年記念として企画制作、東京美術学校（現・東京芸術大学）に依頼し高村光雲などが作成、宮内庁へ献納した。中は空洞ではなく銅が詰まっているため、8・6トンもの重量がある。顔は正面ではなく皇居へ向いているのが特徴。

▲住友家が別子銅山開山200年記念として企画制作した

3 桜田門

かの有名な「桜田門外の変」の舞台。当初は小田原街道の始点として小田原口と呼ばれていた。1636年にそれまでの柵戸仕立の門を現在のような桝形門に改築、桜田門と呼ぶようになった。外側の高麗門と内側の渡櫓門の二重構造で、あいだに桝形がある。

▲「桜田門外の変」の舞台となった

4 二重橋

▲木造橋時代に橋桁が上下二段に架けられていた

コースと所要時間

スタート ▼JR 有楽町駅（国際フォーラム口）
600m 7分
1 馬場先門跡
240m 3分
2 楠正成銅像
650m 8分
3 桜田門
350m 4分
4 二重橋
550m 7分
5 桔梗門・巽櫓
450m 6分
ゴール ▼東京メトロ 大手町駅（C13b口）

皇居正門から宮殿へ向かう途中、二重橋濠に架かる鉄橋。正式名称は正門鉄橋《てつばし》。江戸城の西丸下乗橋のあった場所で、木造橋時代に橋桁が上下二段に架けられていたため、「二重橋」と呼ばれるようになった。

5 桔梗門《ききょうもん》・巽櫓《たつみやぐら》

【1 桔梗門】

三の丸に入る南門で、江戸時代は内桜田門が正式名称。太田道灌の桔梗紋の屋根瓦がこの門に残っているのでこの名があり、太田道灌の当時はこの門が大手門だったとも言われている。

▲桔梗門　太田道灌の桔梗紋の屋根瓦がこの門に残っているためにつけられた名

▲巽櫓　本丸から見て東南（辰巳の方角）に位置していた

【2 巽櫓】

桜田二重櫓が正式名称。皇居外苑に行くと一番目につく櫓で、これぞいかにも御城！という佇まいを見せる場所の1つ。本丸から見て東南（辰巳の方角）に位置していた事から巽櫓の名がある。関東大震災で倒壊後に復元。時代劇で江戸城として何度も登場している。

大奥の御台様の某所には、ありえないものが幾つもある

将軍の正妻・御台所様の御不浄には、「え？」というものなどが埋められたと言われています。

では、その中で一番の大物は一体、何でしょう？

①大名　②張り型　③非常時用の抜け穴の入口

『答え』①大名

え～、御不浄とは「御手水＝厠」のことですが……。

こんな場所に大名が埋められるとは、これ如何なることに候や？

ヒントは「御台様の御不浄事情」にあります。

御台様の御不浄（トイレ）は、将軍のものと違って取り替えたり掃除などはしません。

というよりも、できません。どういうことかというと、御台様一生分の御不浄が入るだけの深～い深～い穴を掘るからなのです。凄く深～いぼっとんトイレです。

とても深く掘ってあるため汲み取らず、最後は埋めてしまいます。

御台様の御不浄は１代１ヶ所でした。


あれ？大奥になぜ「男」である大名が…？


そうです。御台様の御不浄に大名がいる不思議さ以前に、「大奥に男である大名がいること」じたいが変ですが、実は大奥の一角にある管理事務所「御広敷」には御広敷役人などの男性幕臣たちが常駐していました。御台様や大奥の食事を作る料理人たちも男性だけです。

しかし大名は御広敷役人にはならないので、大奥に、ましてや御台様の御不浄にいるわけがありません。では、なぜ答えが「①大名」なのでしょう？


―― **時は明暦の大火……。**


江戸の町の大半を舐め尽くしかけている火は、ここ千代田の御城にも飛び火し、天守閣も焼けました。

この非常時に救出の係として、小火（ぼや）だったとはいえ火事になった大奥へ突入した男性が１人。その人の名は「秋元越中守」。

甲斐谷村城主で、１万８千石の小藩ながら、れっきとした「大名」です。

さて、飛び込んだっきり秋元越中守は遂に戻ってくることはありませんでした。

それどころか焼死体としても発見されず、行方知れずとなったまま今に至るという ――。


大奥では七不思議の１つとして「殿方が紛失物となる」があります。

ただでさえ広大で、しかも似たような部屋ばかりが続く長い廊下など、慣れない人間には迷路のような大奥。それでうっかり迷ったり仲間とはぐれたりしたら、もう二度と彼は出てこず、紛失大決定の可能性大なのです。

この越中守などは、そのもっともたる例でした。越中守は美男子だったのでしょうか。


「大奥にやってくる殿方（主に武士）や出入りの一般人は、その死体すらも発見されず行方知れずになる」という摩訶不思議は、このように実際に起こる七不思議の１つでした。

御台様の御不浄は最初に書いたように「その御台様１代限りずつで非常に深い穴であり、御台様が生きている間は汲み取らない。御台様が亡くなるなど用済みになった時に、初めて埋める」ため、大奥で都合が悪いものやバレたら困るものなどは、みんなここへ入れて埋めて隠蔽抹殺！まさに「御台様さまさまの、御台様ゆえのなせる業」だったのです。

2 江戸城をめぐる❷

▲富士見櫓

大藩の大名も下馬した大手門から開かずの櫓、眺めの良い天守台へ

アクセス 【行き】東京メトロ・大手町駅（C13b口）
【帰り】東京メトロ・大手門駅（C13b口）

総距離 …約2.6km　**徒歩による所要時間** …約30分

コースガイド

東京メトロ・大手町駅のC13b口（パレスホテル）を出て左に行くと内堀通りがあり、その信号を渡ったところに**1大手門**がある。大手門をくぐると発券所があり、そこで券を受け取って（無料・要返却）進むと、右手に**2三の丸尚蔵館**が見える。その先の石垣を越えたところの右手に**3同心番所**がある。道なりに左へ行くと、大きな石垣を越えた広場左手に**4百人番所**がある。百人番所を左手に、右奥に**5中之門石垣跡**があり、そこを入るとすぐ右手に**6大番所**が見える。曲がった坂道を登り切ったところにあるのが**7中雀門**。そこをすぐ左、細い道に入ったところ、左側の細い道のうっそうと生い茂ったところに見えるのが**8富士見櫓**である（門は閉ざされていて入れない）。

富士見櫓へ入る道を通り過ぎ、そのまま道なりに行くと、左手に**9松の大廊下跡**がある。そのまま進むと、一度開けた場所に出る。その場所が**10本丸御殿跡**。再び松の大廊下跡の先、細い道を行くと、急な登り道になっており、その頂上辺りで**11富士見多聞**の裏手に出る。坂道を下りてすぐの辺りに**12石室**があり、そのまま本丸御殿跡の方へ出てぐるりと回った辺りに**13大奥跡**がある。そこから右手に見える**14天守台**に登る。再び大奥跡を通り過ぎ、道なりに進むと展望台があるが、そこが**15台所前三十櫓跡**である。そこを下りてすぐの場所に中雀門跡があり、坂を下って来た道を返し、大手町駅へと向かう。

各史蹟解説

1 大手門

江戸城の正門で1607年に藤堂高虎によって約1年3ヶ月で完成。1620年の江戸城修復時、伊達政宗・相馬利胤により、現在のような桝形形式の城門になったといわれている。本来、大手門は追手門といい、御城によっては現在もそちらを使っている。

▲江戸城の正門

2 三の丸尚蔵館

昭和天皇がお持ちだった美術品を皇室から国へ寄贈されたのを最初に、保存管理、一般に公開展示。故秩父宮妃殿下からの御遺贈品、香淳皇后陛下の御遺品、故高松宮妃殿下からの御遺贈品が国に寄贈され、現在約9500点の作品が収蔵されている。

▲現在約 9500 点の作品が収蔵されている

コースと所要時間

- スタート ▼東京メトロ 大手町駅（C13b口）
- ↓ 160m 2分
- 1 大手門
- ↓ 130m 1分
- 2 三の丸尚蔵館
- ↓ 110m 1分
- 3 同心番所
- ↓ 60m 1分
- 4 百人番所
- ↓ 60m 1分
- 5 中之門石垣跡
- ↓ 20m 1分
- 6 大番所
- ↓ 120m 1分
- 7 中雀門跡
- ↓ 80m 1分
- 8 富士見櫓
- ↓ 110m 1分
- 9 松の廊下跡
- ↓ 60m 1分
- 10 本丸御殿跡
- ↓ 90m 1分
- 11 富士見多聞
- ↓ 80m 1分
- 12 石室《いしむろ》
- ↓ 250m 3分
- 13 大奥跡
- ↓ 90m 1分 ●ベンチがあり、休憩できる
- 14 天守台
- ↓ 280m 3分
- 15 台所前三重櫓（展望台）
- ↓ 80m 10分
- 16 大手門
- ↓ 160m 2分
- ゴール ▼東京メトロ 大手町駅（C13b口）

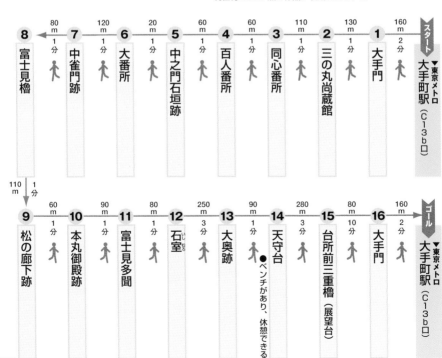

3 同心番所

「番所」とは警備の詰所。江戸城にはこの同心番所と百人番所、大番所の3つが残る。本丸御殿に近づくため城の奥の番所ほど格式や位が高く、その差は建物で一目瞭然。

大手門から入城して最初に通る番所で与力・同心が詰め、主に登城の大名の供の監視をした。

▲大手門から入城して最初に通る番所

4 百人番所

大手門から本丸御殿に入る時の最大の検問所。大手三之門の前に設けられており、甲賀組・根来《ねごろ》組・伊賀組・二十五騎組の4組が昼夜交代で詰めていた。各組には同心が百人ずつ配属されたため、「百人番所」と呼ばれていた。

▲本丸御殿に入る時の最大の検問所

5 中之門石垣跡

明暦の大火の翌年（1658年）に細川綱利が再構築。築石に35トン前後という江戸城最大級の巨石が使われ、布積みという技法で積まれている。これは登城大名たちを威圧するためで、効果大だった。石垣の上には本丸御殿への登城口として渡櫓門があった。

▲石垣の上には本丸御殿への登城口として渡櫓門があった

6 大番所

中之門の内側に設けられ、他の番所より格上の番所。同心番所よりも建物が立派で階を上るなど礎の位置も高くしてあり、見ただけで格式の高さがわかる。位の高い与力・同心が詰めた。番所の前の坂を上がったところが本丸御殿の入り口で、中雀門がある。

▲他の番所より格上の番所。位の高い与力・同心が詰めた

7 中雀門跡

三代目天守台の石（伊豆石）を天守炎上後中雀門の石垣に再利用したため、今の四代目天守台の石（御影石）とは全く色が違う。更に1863年の火災で本丸御殿が焼けた時に類焼。石垣の伊豆石にはこの2回の業火の跡が黒々と残り、炎の凄さを偲ばせる。

▲業火の跡が黒々と残り、炎の凄さを偲ばせる

8 富士見櫓

ここから品川の海や富士山を眺めたという。現存の三重櫓は1659年の再建で、当時の本丸の遺構として貴重な存在。天守閣焼失後は天守閣の代用とされ、どこから見ても同じ形に見えるため、「八方正面の櫓」と呼ばれた。現在は立ち入り禁止で柵がある。

▲「八方正面の櫓」と呼ばれた

9 松の大廊下

1701年3月14日、赤穂藩主・浅野内匠頭長矩が殿中で吉良上野介義央へ斬りつけた場所。廊下に沿った襖戸に「松」と「千鳥」を主題にした絵が描かれていたので「松の大廊下」と呼ばれていた。江戸城で2番目に長い50mの廊下で、畳敷きだった。

▲江戸城で2番目に長い50mの廊下で、畳敷きだった

10 本丸御殿跡

江戸城の中心。周囲に石垣と濠を巡らせた高台で、約4万坪もの最も広い場所。

3代家光の時に完成した本丸御殿は表・中奥・大奥から成り、約1万1千坪の敷地に豪壮な本丸御殿があった。天守閣のほか、櫓が10棟・多聞15棟・諸門20数棟があった。

▶天守閣のほか、櫓が10棟・多聞15棟・諸門20数棟があった

11 富士見多聞

「多聞」とは、防御を兼ねて石垣の上に設けられた長屋造りの倉庫のことで、多聞長屋とも呼ばれていた。鉄砲・弓矢など武器が納められ、格子窓を開けて狙い撃つことができるため、本丸の周囲は櫓と多聞で囲み、万が一に備えられていた。

▲本丸の周囲は櫓と多聞で囲み、万が一に備えられていた

12 石室

「いしむろ」と読む。大奥御納戸の脇なので、火災など非常時に大奥の調度品などを納めたと考えられている。内部の広さは20平方メートル。伊豆石で作られ、天井には長い石坂が使われている。現在は柵があり立ち入り禁止だが、柵越しに中を覗くことができる。

▲内部の広さは 20 平方メートル

▲現在は一面、美しい芝生の庭

13 大奥跡

現在は一面、美しい芝生の庭と化しており、150年ほど前までここに、あの華やかなりし大奥があったとは想像しにくい。（幕末は相次ぐ火災で将軍以下、大奥も一カ所に押し込むようにして一緒に住んでいた）

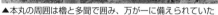

14 天守台

1637年・三代家光の時に、国内最大の天守閣が完成。地上からの高さ58m、天守閣の基礎石積み44m四方、高さ18m。その上に黄金の鯱を頂く外観五層、内部6階の天守が建っていた。明暦の大火で焼失後は天守台のみ残り、現在の石垣は高さ約10m。

▲6階の天守が建っていた

15 台所前三重櫓（展望台）

白鳥堀の南端沿いに位置する展望台。江戸時代は「台所前三重櫓」という櫓が建っていた。

▲江戸時代は「台所前三重櫓」という櫓が建っていた

3 江戸城をめぐる❸

御三卿の屋敷跡に、大正・昭和両陛下も御在隊した栄光の近衛聯隊を偲ぶ

▲近衛歩兵第二連隊記念碑

アクセス　【行き】東京メトロ・九段下駅（2 番口）
【帰り】東京メトロ・九段下駅（4 番口）

総距離　…約 1.9km　**徒歩による所要時間**　…約 20 分

コースガイド

東京メトロの九段下駅2番口を出てお堀沿いにまっすぐ進むと、左手に❶**田安門**が見える。田安門をくぐるとすぐ左手に❷**日本武道館**がある。

左手に進むと右手に駐車場があり、相互会社国民公園協会皇居外苑ザ・フォレスト北の丸という休憩所の脇にある小道に入ると、右手に❸**田安徳川家跡**（近衛歩兵第一聯隊跡碑）がある。その先へ進むと今度は左手に❹**清水徳川家跡**（近衛歩兵第二聯隊跡碑）がある。そこから右手に行くと❺**中の池**があり、その中を渡してある橋を渡り、ぐるりと回り込んで首都環状線まで突き当たったら、右折したところに❻**旧近衛師団司令部**（東京国立近代美術館工芸館）がある。中の池まで戻って道なりに右折すると、科学技術館が見えてくる。

その手前を左折し、吉田茂像を右折してまっすぐ進んだ辺りに❼**清水門**がある。清水豪を渡った突き当たりを左折してまっすぐ進むと、左手に九段会館がある。その先に東京メトロ・九段下駅4番口がある。

▲お濠の中にコブハクチョウが泳いでいる

各史蹟解説

1 田安門

1636年に建ち、高麗門の扉の釣金具には携わった職人の名文がある。古くは「田安口・飯田口」といい上州方面への道があった。門名は最初、門内に田安台という百姓地で田安大明神があったから。江戸時代は北ノ丸と称し，代官屋敷や大奥女性の隠遁所となった。

▲古くは「田安口・飯田口」といい上州方面への道があった

2 日本武道館

1964年、東京オリンピックを契機に創館。法隆寺夢殿をモデルにした八角形で、大屋根の稜線は富士山をイメージ。武道の全日本選手権や戦没者追悼式、大学の入・卒業式、各種音楽コンサートなど多彩に利用されている。

▲2020 年に開催予定だった東京オリンピックに向けて 2018 年から改修工事が行われている

3 田安徳川家跡（近衛歩兵第一聯隊跡）

近衛歩兵第一聯隊には大正天皇・昭和天皇の両陛下が皇太子時代、それぞれ連隊付きとして10年もの長い間、御在籍遊ばされていたため、「名誉ある聯隊」といわれていた。武道館のすぐ近く、遊歩道の右側に記念碑がある。

▲武道館のすぐ近く、遊歩道の右側に記念碑がある

コースと所要時間

スタート ▼東京メトロ 九段下駅（2番口）
160m 2分
1 田安門
160m 2分
2 日本武道館
100m 1分
3 田安徳川家跡 ●近衛歩兵第一聯隊跡
100m 1分
4 清水徳川家跡 ●近衛歩兵第二聯隊跡
200m 2分
5 中の池
250m 3分
6 旧近衛師団司令部
550m 7分
7 清水門
400m 5分
ゴール ▼東京メトロ 九段下駅（4番口）

▲最大２万人が皇居を警護

4 清水徳川家跡（近衛歩兵第二聯隊跡）

北ノ丸は近衛師団の一大基地で、最大２万人が皇居を警護。近衛歩兵第二聯隊は優秀かつ美男子であることが条件で、明治7年に編成、近衛歩兵第一聯隊と並ぶ日本陸軍最初の歩兵連隊。清水門を入り吉田茂像を過ぎた所に記念碑がある。

5 中の池

自然豊かな場所。桜の他にも四季折々、木々や草花が様々な顔を見せる。

▲自然豊かな中の池

6 旧近衛師団司令部

１９１０年に完成。陸軍技師田村鎮の設計。赤レンガ造り・二階建て・スレート葺・ゴシック風で、明治洋風建築の代表的存在。関東大震災や第二次大戦をくぐりぬけ、ほぼ完全な姿を留める。１９７７年に一部改装、東京国立近代美術館工芸館となっている。

▲明治洋風建築の代表的存在

7 清水門

１６２４年に助役大名・浅野長晟が建てた枡形門。扉釣具の銘に１６５８年とあるが、これは江戸城の総曲輪の大工事時に一緒にこの門を修復した年とされている。門名は昔この辺りに清水が湧き出ていた、古くはこの辺りに清水寺があったことから、などという。

◀助役大名・浅野長晟が建てた枡形門

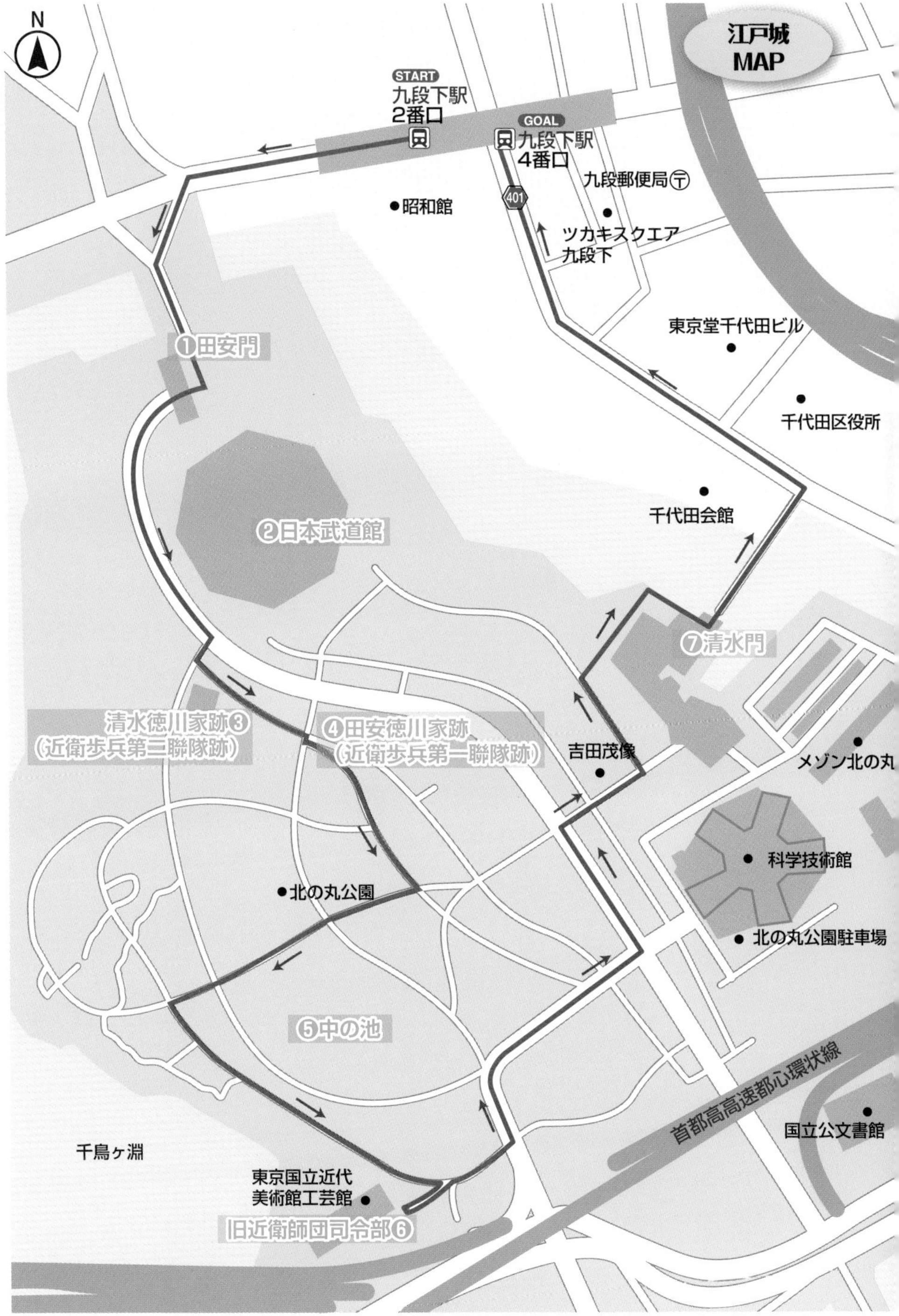
N
江戸城
MAP
START
九段下駅
2番口
GOAL
九段下駅
4番口
401
九段郵便局
昭和館
ツカキスクエア
九段下
東京堂千代田ビル
千代田区役所
①田安門
②日本武道館
千代田会館
⑦清水門
清水徳川家跡③
（近衛歩兵第三聯隊跡）
④田安徳川家跡
（近衛歩兵第一聯隊跡）
吉田茂像
メゾン北の丸
科学技術館
北の丸公園
北の丸公園駐車場
⑤中の池
首都高速都心環状線
国立公文書館
千鳥ヶ淵
東京国立近代
美術館工芸館
旧近衛師団司令部⑥

4 江戸城をめぐる④

▲井伊家中屋敷跡

永田町の近辺は大名屋敷だらけ

アクセス 【行き】半蔵門線・半蔵門駅（1番口）
【帰り】JR・四ツ谷駅（赤坂口）

総距離 …約2.4km　**徒歩による所要時間** …約40分

コースガイド

半蔵門駅1番口を出て左に曲がると、「麹町一丁目」と書かれた信号がある。そこを右に曲がって直進すると❶**半蔵御門**が見える。

内堀通りを、半蔵門の方を向いて右方向に進むと、❷**田原藩上屋敷跡**（最高裁判所）にたどり着く。内堀通りと青山通りが交わるところの角に、❸**渡邉華山生誕の地**（三宅坂小公園）がある。

そこから右に曲がり、青山通りに沿って進んでから、左斜めに伸びている路地に入る。国立劇場の裏手を進み、信号のある交差点で左に曲がる。城西大学の建物がある地点で右に曲がると、まもなく❹**平河天満宮**が見える。

平河天満宮を出て左に曲がり、すぐ右に曲がる。最初の十字路を右に曲がって坂を上ると、❺**大観堂学塾跡**のレリーフがある。平一中央通りを東に進み、諏訪坂と交わるところで左に曲がる。日本都市センター会館の建物のすぐ前で、右に曲がる。直進すると階段があるので、それを降りると❻**紀州藩中屋敷跡**（清水谷公園）がある。

公園に面する通りを右に進み、左折して紀尾井坂を上ると、❼**井伊家中屋敷跡**（ホテルニューオータニ）に着く。紀尾井ホールを目印にソフィア通りに入ると、間もなく❽**尾張藩中屋敷跡**（上智大学）が見える。さらに通りにそって進むと、JR・四ツ谷駅赤坂口に到着する。

各史蹟解説

▲門内は江戸時代は吹上御庭と呼ばれた

1 半蔵御門

半蔵門の名で有名。天皇や各皇族の皇居への日常の出入りにこの門が用いられているため、一般人の通行は不可。門内は江戸時代は吹上御庭と呼ばれ、大御所や将軍継嗣などの住居とされた。城の西端に位置し、甲州街道への入口。大手門とは正反対の位置にある。

2 田原藩上屋敷跡

現在は最高裁判所と国立劇場に変貌。田原藩主は三宅家なので麹町に「三宅坂」の名を残す。江戸時代は右隣の井伊家上屋敷より少々小さいが、1万2千石とはいえ大阪加番や日光祭礼奉行を勤める「城持ち大名」として格式高い藩で、屋敷地は広めだった。

▲現在は最高裁判所と国立劇場に変貌

3 渡邊崋山生誕地の碑

三宅坂に「三宅坂小公園」がある。ここは田原藩三宅家上屋敷で、田原藩家老で蘭学者、蛮社の獄で有名な渡邊崋山の生誕地。大半をここで過ごすが貧乏で、生活のために絵画を学び、西洋式の遠近法・陰影法を取り入れたスケッチを多く残した。

▲田原藩家老で蘭学者、蛮社の獄で有名な渡邊崋山の生誕地

コースと所要時間

- スタート：▼半蔵門線 半蔵門駅（1番口）
- 250m 4分
- 1 半蔵御門
- 300m 5分
- 2 田原藩上屋敷跡 ●最高裁判所
- 100m 2分
- 3 渡邊崋山生誕地の碑 ●三宅坂小公園
- 600m 8分
- 4 平河天満宮 ●太田道灌が江戸城内に創建
- 100m 2分
- 5 高野長英の蘭学塾・大観堂学塾跡 ●貝坂の下
- 400m 5分
- 6 紀州藩中屋敷跡 ●清水谷公園
- 250m 4分
- 7 井伊家中屋敷跡 ●ホテルニューオタニ
- 200m 3分
- 8 尾張藩中屋敷跡 ●上智大学
- 200m 3分
- ゴール：▼JR中央線／総武線 四ツ谷駅（赤坂口）

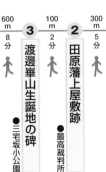

4 平河天満宮

菅原道真が主神、八幡宮と東照宮（家康）が相殿の神。1478年に太田道灌が江戸城本丸内の梅林坂上に勧請したのが最初。江戸城本丸修築時に平川門外へ、1606年に現在地に遷座。幕府に特別な格式で遇され、藩邸が近い紀州藩、彦根藩の祈願所でもあった。

▲菅原道真が主神、八幡宮と東照宮（家康）が相殿の神

5 高野長英の蘭学塾・大観堂学塾跡（貝坂の下）

白いビルの外壁に「麹町貝坂　高野長英　大観堂學塾跡」のパネルが嵌まる。

長英は1828年のシーボルト事件で長崎を去り、翌年江戸に戻ると麹町貝坂に家を借り、開業医をしながら蘭学塾「大観堂塾」を開塾。27歳だった。

▲27歳で蘭学塾「大観堂塾」を開塾

6 紀州藩中屋敷跡（清水谷公園）

赤坂プリンスホテル・清水谷公園・紀尾井町ビルにかかる広大な敷地で当時の絵図には24・548坪とある。振袖火事後に拝領、1823年に焼失するまで紀州藩上屋敷だったが再建されず、1850年の尾張屋版切絵図には紀州藩中屋敷とある。

▲赤坂プリンスホテル・清水谷公園・紀尾井町ビルにかかる広大な敷地

7 井伊家中屋敷跡

▲現在は「ホテルニューオータニ」が建つ

現在は「ホテルニューオータニ」が建つ。特筆すべきは庭の2本の大木で、イヌマキとカヤ。ともに1780年代からこの地に生育していたと考えられ、井伊家中屋敷時代からの貴重な樹木として、千代田区の天然記念物に指定されている。

8 尾張藩中屋敷跡

▲屋敷跡には現在、上智大学が建つ

ソフィア通りの入口に料亭「福田家」があり、その前に尾張藩中屋敷跡の碑がある。屋敷跡には現在、上智大学が建つ。この辺りは「紀州・尾張・井伊（彦根）」の屋敷が隣り合っていたことから頭文字を取り、「紀尾井町・紀尾井坂」の名がつけられた。

ちなみに、尾張藩は、上屋敷は新宿区市谷にある陸上自衛隊駐屯地、下屋敷は現戸山公園（新宿区）にあった。表門は紀尾井ホール横のホテルオークラの前に位置していた。

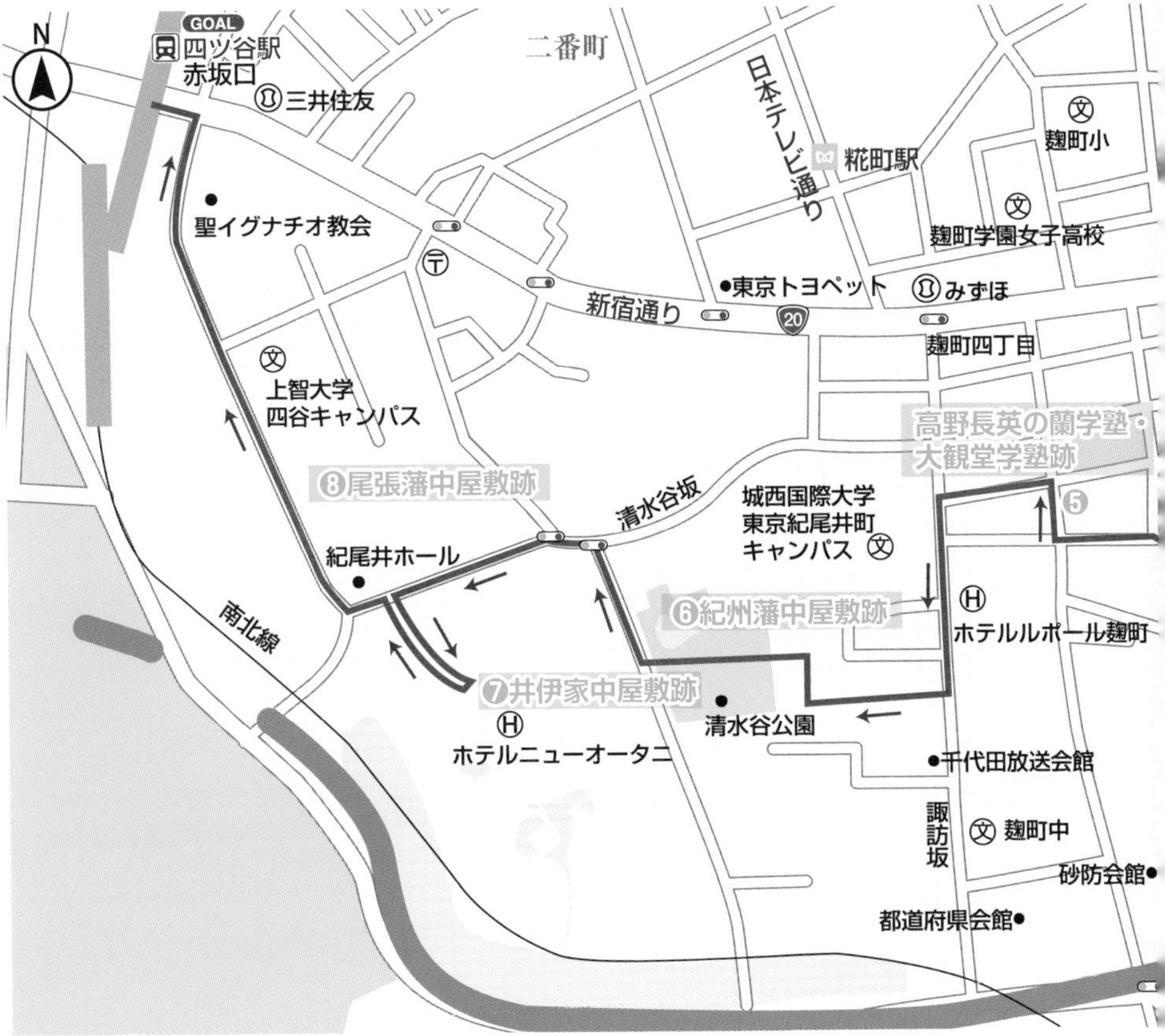

「半蔵門」にまつわる話

よくFMのラジオ番組に登場する、珍しい門である。どこのラジオ局かというとTOKYO　FMで、放送スタジオのある本社が皇居半蔵門前の内堀通り・半蔵門交差点の角にあるから。しばしば放送番組内で「半蔵門のスタジオから～」「半蔵門のお天気は～」などと登場するので、聴いて探してみても面白い。

さて、名前の由来となった服部半蔵正成だが、譜代家臣で徳川十六神将の一人である。
「鬼半蔵」の異名を取り、実戦では伊賀衆(伊賀同心組)と甲賀衆を指揮していた。1557年に三河宇土城（上ノ郷城）を夜襲し戦功を立て、家康から持槍を拝領。1590年の小田原征伐で家康に従軍した時の功により、遠江に8,000石を知行した。家康の関東入国後、与力30騎・伊賀同心200人をまとめることになり、同心給とあわせて8,000石を領する。正成は武将だが父が伊賀出身という縁から、徳川家に召し抱えられた伊賀忍者を統率する立場になったという。

その後の彼の子孫たちを、かいつまんで紹介したい。

3代・服部半蔵正就は父である正成の死後、伊賀同心200人の支配を引継いだ。しかし、徳川家から指揮権を預けられた伊賀同心を家来扱いしたため、配下の同心たちの反発を招き、ついに伊賀同心が寺に篭って正就の解任を要求する騒ぎとなった。このため正就は伊賀同心の支配の役目は解かれ、後に大坂の陣で行方不明となっている。

4代・服部半蔵正重は2代目正成の次男で、3代目正就の弟。服部半蔵を襲名するが、舅である大久保長安に巻き込まれて大久保長安事件で失脚。その後各地を転々とした後、松平定綱に召し抱えられて二千石を得る。これにより桑名藩・家老として服部半蔵家は存続（大服部家)。
ちなみに、兄・正就の妻は桑名藩主・松平定勝の姉で、その子・服部正辰（正重の甥）も桑名藩に仕える。血統から藩主一族の扱いを受け、服部半蔵家以上に優遇された（小服部家)。

12代・服部半蔵正義は1845年9月29日生まれ。21歳で大服部家を継ぎ、桑名藩家老となる。藩主・松平定敬が京都所司代となり、その補佐として正義も京へ同行。鳥羽・伏見の戦いでは桑名軍を率いて参戦、明治元年閏4月には転戦した柏崎の鯨波戦争で指揮官を務めた。しかし同年9月26日に庄内にて降伏し、官軍に身柄を拘束され謹慎処分となる。
明治2年12月、桑名藩の戦後処理の終了と共に謹慎が解かれ、晴れて自由の身となる。
その後は桑名藩の要職を務め、1886年に没した。

第2章　有楽町・銀座・築地編

築地本願寺は日本の寺院にしては異国情緒が漂い過ぎるため、必見！

忠臣蔵が好きな方は浅野内匠頭邸で彼を偲ぼう。石川島の人足寄場は「ここに日本初の更生施設があったのだ」と思いながら眺めると感慨深い。

▲蘭学事始めの地碑

5 有楽町・銀座・築地をめぐる❶

大岡越前守が仕事をし、蘭学のきっかけとなった解体新書が生まれた地

アクセス 【行き】有楽町線・銀座1丁目駅（9番口）
【帰り】日比谷線・築地駅（3番口）

総距離 …約3.7km　**徒歩による所要時間** …約50分

コースガイド

地下鉄有楽町線・銀座1丁目駅の9番口を出てすぐ右手に❶銀座発祥の地碑がある。それを通り過ぎ、信号を右に渡ってまっすぐ行くと、外堀通りの銀座西二丁目の信号に出る。そこを渡ってまっすぐ行くと、JR有楽町駅銀座口前の広場に出る。そこにある地下街への入口の南側に❷南町奉行所跡がある。それを正面に左手へ行き、JRの高架下を通って晴海通りに出る。左手の横断歩道を渡って左折し、高速道路下をくぐってすぐの右手に❸数寄屋橋跡（数寄屋橋公園内）がある。その角を右折し、一つ目の角を左折したら、まっすぐ銀座西五丁目の信号を渡って左折。その先の二つ目の角を右折し、さらに二つ目の角を右折してまっすぐ行けば、その区画の行き当たる手前右手に❹金春屋敷跡碑がある。突き当たりを左に曲がると中央通りがあり（右に曲がった左手に金春屋敷解説板有）、銀座八丁目の信号を渡って四つ目の角を左折する。

しばらく直進すると晴海通りに出るので、そこを右折したところで昭和通りと交差している交差点を渡って、左手に歌舞伎座を眺めながら直進する。築地四丁目の信号を渡り、左折すると❺築地本願寺がある。そこを直進し、四つ目の角を右折してしばらく行くと、左手に聖路加国際大学が見える。その先、三角州のようになっている場所に❻蘭学事始めの地碑がある。来た道を新大橋通りまで戻り、右折すると日比谷線築地駅の3番口がある。

各史跡解説

1 銀座発祥の地碑

ティファニー銀座ビル前の歩道に建つ。江戸時代、ここに銀座（貨幣鋳造所）があったことから1955年に建てられた。銀座は最初、京の伏見に創設。その後各地に置かれたが、ここ銀座に統合。1800年に蛎殻町に移転後も、銀座は地名として残った。

▲1955年に建てられた銀座発祥の地碑

2 南町奉行所跡

有楽町中央口側駅前広場から地下街に入るためのエスカレーターの、円形屋根の下のベンチと見紛う石垣が奉行所の石垣。大岡越前守は1717年から19年間、南町奉行としてここで執務した。南町奉行所は1707年に数寄屋橋門内に移転、幕末までここにあった。

▲大岡越前守は1717年から19年間、南町奉行としてここで執務した

3 数寄屋橋跡

1629年に江戸城外郭見附として架けられ、幅4間、長さ3間の木橋だった。橋の有楽町側に南町奉行所があり、橋名は幕府の数寄屋役人の公宅が門外にあったから。関東大震災後は近代的な美観の石橋に架け替えられ、以来銀座の入口として親しまれている。

コースと所要時間

スタート ▼有楽町線 銀座1丁目駅（9番口）
↓ 40m 1分
1 銀座発祥の地碑
↓ 450m 6分
2 南町奉行所跡
↓ 350m 5分
3 数寄屋橋跡 ●数寄屋橋公園内
↓ 700m 9分
4 金春屋敷跡
↓ 1300m 16分
5 築地本願寺
↓ 500m 6分
6 蘭学事始めの地碑
↓ 350m 4分
ゴール ▼日比谷線 築地駅（3番口）

4 金春《こんぱる》屋敷《やしき》跡《あと》

金春・観世・宝生・金剛の4家は江戸幕府直属の能役者として屋敷を拝領、家禄も支給されていた。なかでも金春家は室町時代から栄えた最も由緒ある家で、当時の地図に「金春七郎」と記され、現在の銀座8丁目6〜8番全域に相当するほどの規模であった。

▲金春家は現在の銀座8丁目6〜8番全域に相当するほどの規模であった

5 築地本願寺

1617年、西本願寺の別院として浅草近くの横山町に建立。「江戸浅草御坊」と呼ばれたが、明暦の大火で本堂を焼失。与えられた再建地が八丁堀沖の海上のため、佃島の門徒を中心に海を埋め立て土地を築き（築地の由来）、再建。以来「築地御坊」と呼ばれる。

▲「築地御坊」と呼ばれる築地本願寺

6 蘭学事始めの地碑

ここは豊前中津藩下屋敷跡地で、藩医で蘭学者の前野良沢や蘭学医の杉田玄白らが医書ターヘル・アナトミアを初めて翻訳し、「解体新書」五巻を完成させた場所。

大きな本を開いた形の石碑があり、解体新書の人体図をモチーフにした絵が彫られている。

▲慶応義塾発祥の記念碑と並んで建つ蘭学事始めの地碑

▲住吉神社

6 有楽町・銀座・築地をめぐる❷

江戸時代、築地は海から始まり外国人で終わった

アクセス 【行き】日比谷線・築地駅（1 番口）
【帰り】有楽町線・月島駅（6 番口）

総距離 …約 2.5km　**徒歩による所要時間** …約 40 分

コースガイド

日比谷線・築地駅1番口を出るとすぐ左手に見えるのが❶築地本願寺である。そこを反対に、築地本願寺を右に進むと、築地三丁目の信号があるので、そこを右折。左手に聖路加国際大学が見えてくるので、その入り口左手の辺りを見ると、そこに❷浅野内匠頭邸跡の碑がある。右手の方へ進むと、右手の三角州のようになっている場所に❸中津藩江戸中屋敷跡、❹慶応義塾発祥の地碑がある（中津藩江戸屋敷跡は慶應義塾発祥の地碑と同じ）。それを右手にさらにまっすぐ行くと、通りに面して❺築地居留地跡として外国人の地碑やアメリカ公使の館などの解説版がある。聖路加ガーデンを右手に隅田川へ突き当たったところを左折、その先の階段を上って右折して佃大橋を渡る。右手にある傾斜を下って橋の下へ行くと、隅田川を左手にまっすぐ。「まちかど展示館」が左手に見える。まっすぐ行った突き当たりを右折して、さらに直進したところに❻住吉神社がある。入ってすぐ右手の手水の辺りに東洲斎写楽終焉の地碑があった（※境内にあった東洲斎写楽終焉の地碑は、東日本大震災で撤去された）。住吉神社を背に真っすぐ行き突き当たりを右へ、隅田川沿いの橋を渡ると佃公園があり、左手の大階段の上辺りに❼人足寄場跡の解説板がある。佃まちかど展示館まで戻り、そこを左折して佃小橋を渡って右折。清住通の手前の道を左折し、次の角を右折すると、有楽町線・月島駅に着く。

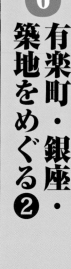

各史蹟解説

1 築地本願寺

日本の仏教寺院では珍しく、外部は石造で古代インド仏教建築の様式を基本とし、内部は浄土真宗本願寺派の手法に準拠した造り。1617年創建で、京都西本願寺を本山とする直轄寺院。

▲当時は浅野内匠頭長矩江戸城上屋敷

【酒井抱一の墓所】

築地本願寺境内の左奥にある。抱一は姫路藩主・忠以の弟で、西本願寺18世文如上人の養子。名は忠因。江戸末期の画家で「夏秋草図屏風」が有名。西本願寺で出家し権大僧都となるが江戸に隠棲、画では尾形光琳に私淑し、江戸琳派の祖となった。

2 浅野内匠頭邸跡の碑

播州赤穂藩浅野家上屋敷は聖路加看護大学となっており、同大学西側の道路脇に「都旧跡浅野内匠頭神邸跡」の石柱がある。当時は浅野内匠頭長矩江戸城上屋敷、鉄砲屋敷とも呼ばれており、内匠頭切腹後に幕府が召上げた時は8970坪あったという。

3 中津藩江戸中屋敷跡

今は聖路加病院が建っているが、江戸時代は中津藩奥平家の中屋敷が建っていた。幕末の中津藩は、蘭学の庇護者として知られていた。

4 慶應義塾発祥の地碑

慶應義塾は1858年に福澤諭吉が中津藩中屋敷に開いた蘭学塾が最初。諭吉は中津藩士なので中屋敷内で開塾。この記念碑は慶應義塾創立100年時に記念建立したもので、「日本洋学発祥の地記念碑」と共に「日本近代文化事始の地記念碑」と称される。

5 築地居留地跡

神奈川条約（1854年）に従い明治初年、築地明石町付近を

洋風文化輸入の拠点となった居留地▲

コースと所要時間

- スタート ▼日比谷線 築地駅（1番口）
- 50m 1分
- 1 築地本願寺 ●酒井抱一の墓所・●赤穂義士の間新六の供養塔
- 550m 7分
- 2 浅野内匠頭邸跡の碑 ●聖路加国際病院
- 150m 2分
- 3 中津藩江戸中屋敷跡 ●聖路加看護大学
- 1m 0分
- 4 慶應義塾発祥の地碑 ●聖路加看護大学前
- 300m 4分
- 5 築地居留地跡 ●聖路加大学・病院一帯（明石町）
- 800m 10分
- 6 住吉神社 ●（境内に）東洲斎写楽終焉の地碑（※）
- 140m 2分
- 7 人足寄場跡 ●佃公園周辺
- 550m 8分
- ゴール ▼有楽町線 月島駅（6番口）

外国人居留地として交易を自由にした。以来この付近は洋風文化輸入の拠点となり、あちこちに文明開化の史跡がある。居留地内は一種の治外法権で、居留地は明治32年にようやく廃止された。

6 住吉神社

摂津の佃村の漁師が家康の命をうけ江戸へ移り住んだ際、大阪の住吉大社を分社して建てたもの。住吉明神を祀り、目の前が廻船の港なので海運業者らに信仰された。3年に1度の本祭りでの「獅子頭の宮出し」は、中央区の区民無形民俗文化財である。

▲大阪の住吉大社を分社して建てられた住吉神社

7 人足寄場跡（佃公園周辺）

石川島公園。無宿人や刑を終えた罪人の人足寄場があり、日本初の「更生施設」だった。石川大隅守屋敷裏と佃島の間の小島に置かれ、「佃人足寄場」とも呼ばれた。佃2丁目はこの大隅守屋敷があったが1792年、ここにも人足寄場の油絞場が置かれた。

▲「佃人足寄場」とも呼ばれた

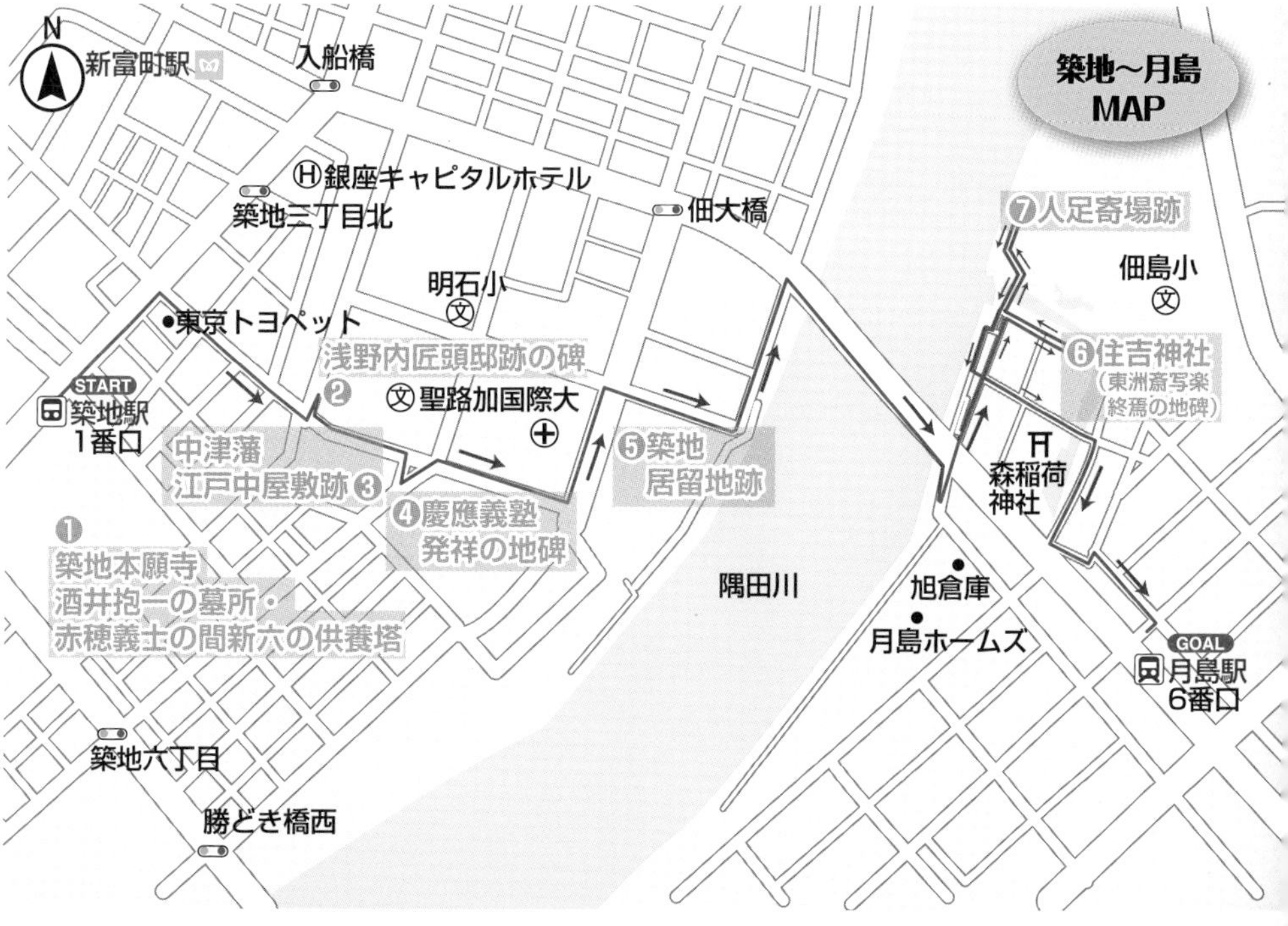

第3章　日本橋・赤坂編

やはり、なんといっても日本橋！　橋（車道）の真ん中にある道標は、絶え間ない車の往来が危険すぎて近寄ることも難しいのが残念。「日本橋」の揮毫は最後の将軍・徳川慶喜の筆だが、本物は石柱で向島百花園にある。

7 日本橋・赤坂をめぐる❶

▲十思公園

日本橋近辺には、新しい命の神様と斬首で消えゆく罪人という両極端がいる

アクセス　【行き】東京メトロ・日本橋駅（B9口）
【帰り】日比谷線・小伝馬町駅（4番口）

総距離　…約3.3km　**徒歩による所要時間**　…約1時間

コースガイド

東京メトロ・日本橋駅B9口を出て、「日本橋」交差点を左に行くと❶日本橋が見える。最初の日本橋を渡って左折し、最初の信号を渡って三菱東京UFJ銀行の建物のある角を右に入ると、❷日本銀行本店に着く。

日本銀行の建物の前の、三越と三井住友銀行の間の道を進み、「室町二丁目」の信号を右折する。「日本橋北詰」の信号を左に行き、「小舟町」の信号を右に曲がる。最初の信号のところで左に曲がるとすぐに❸小網神社が見える。神社を出てその通りを左に行き、「蛎殻町」の信号を左に曲がって直進すると、❹水天宮にたどり着く。

「水天宮前」の交差点を渡り、人形町通りを直進すると、「甘酒横丁」の信号が見え、その右の通りが❺甘酒横丁である。横丁を通過したあと、通りを渡って直進する。「浜町公園前」の交差点を渡ると、右手に建て替え工事中の水天宮の仮社殿がある。そのまま直進すると、❻浜町公園が見える。公園を出てもときた道を戻り、「浜町公園前」の信号で右折する。「久松町」の信号で左折したあと、「人形町」の交差点で右折する。そのまままっすぐ歩き、「小伝馬町」の交差点で江戸通りを渡り、一つ目の角を左に入ると❼十思公園が見える。

公園を出たあと左側の通りを右に曲がり、「小伝馬町」交差点を左折するとすぐに日比谷線・小伝馬町駅4番口に到着する。

各史蹟解説

▲浮世絵による風景画に描かれることが多い日本橋

1 日本橋

現在は19代ないし20代目。1603年4月14日、初代の橋（木造）が架けられた。北側部分を原寸で復元したものが江戸東京博物館に展示されている。翌年、五街道の基点となる。以後、江戸で最も賑わう場所として、浮世絵による風景画に描かれることが多くなる。

2 日本銀行本店

1882年創業当初の店舗は、当時の永代橋（今より100m上流にあった）のたもと、現在の中央区日本橋箱崎町にあった。1896年4月に本店を現在の場所へ移転した。

▲ 1896 年４月に本店を現在の場所へ移転した

3 小網神社

日本橋七福神のひとつ。強運厄除・商売繁盛・金運に御利益があるといわれ、福禄寿・弁財天を祀る。日本橋地区に残る唯一の木造檜造りの神社建築。5月の大祭では一之宮・二之宮の神社大神輿で賑う。11月末のどぶろく祭は、奇祭として有名。

▲強運厄除・商売繁盛・金運に御利益があるといわれる日本橋七福神のひとつ

コースと所要時間

スタート ▼東京メトロ 日本橋駅（B9口）
150m 2分
1 日本橋
250m 4分
2 日本銀行本店
600m 8分
江戸橋北詰の信号
400m 5分
3 小網神社
500m 7分
4 水天宮
200m 3分
5 甘酒横丁
250m 4分
6 浜町公園
1400m 20分
7 十思《じっし》公園／伝馬町老屋敷跡・吉田松陰終焉の地
50m 1分
ゴール ▼日比谷線 小伝馬町駅（4番口）

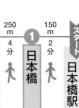

4 水天宮

福岡県久留米市の久留米水天宮の分社。祭神は天御中主神・安徳天皇・高倉平中宮（建礼門院、平徳子）・二位の尼（平時子）である。江戸時代から安産・子授けの神として人々から厚い信仰を集める。安産・子授・子育て・海上安全・大漁祈願・水難よけなどの御利益があるといわれている。

5 甘酒横丁

人形町駅を出てすぐの甘酒横丁交差点から明治座までの約400mに67軒の店が並ぶ。明治初期、横丁の入り口に尾張屋という甘酒屋があり大繁盛。店前の通りが客で溢れていたことから「甘酒屋横丁」と呼ばれた。尾張屋は1953年頃に閉店、名前だけが残った。

▲人形町駅を出てすぐの交差点から明治座までの約400mが甘酒横丁

▲江戸時代は熊本藩細川家下屋敷があった浜町公園

6 浜町公園

中央区の公園では最大面積を誇り、区を代表する公園。江戸時代は熊本藩細川家下屋敷があり、明治以降も細川邸があったが公園として整備され、1929年に開園。1861年に熊本藩主・細川斉護が建てた加藤清正を祀る清正公寺があり、当時から一般公開していた。

7 十思《じっし》公園／伝馬町老屋敷跡・吉田松陰終焉の地

伝馬町牢屋敷跡や時の鐘があり、吉田松陰終焉の地である。牢屋敷は小伝馬町一帯にあり、2618坪あった。時の鐘は「石町の鐘はオランダまで聞こえ」と言われた。この鐘が鳴ると同時に処刑執行なので、情状酌量で少し遅らせて撞いていたという。

▲小伝馬町一帯、2618 坪あった牢屋敷

8 日本橋・赤坂をめぐる❷

さすが華のお江戸・日本橋！老舗めぐりもキリがない!?

▲コレド日本橋

アクセス 【行き】ＪＲ・神田駅（北口）
【帰り】ＪＲ・東京駅（八重洲口）

総距離 …約 2.2km　**徒歩による所要時間** …約 30 分

コースガイド

ＪＲ・神田駅東口を出て国道17号線を右に進む。今川橋交差点を過ぎ室町３丁目交差点の手前の道を右折する。一つ目の角を左折した左手に❶佐々木印店がある。

そこを背にして左に進むと国道6号線に突き当たる。そこを左折して室町３丁目交差点を渡ってまっすぐ進むと左手に新日本橋駅の出入口があり、そこの左側に❷長崎屋跡がある。

そこから再び室町３丁目交差点まで戻り左折（国道４号線／日本橋方向）して少し進むと左手に❸村田眼鏡舗がある。そこをさらに進むと左手に❹にんべんがあり、そこを過ぎて左折すると❺日本橋鮒佐がある。

そこから来た道を戻り国道4号線突き当ったら反対側に道路を渡り、左方向に進むと右手に❻日本橋三越がある。そこをさらに進行方向そのままに進むと日本橋がある。

そこをまっすぐに進んだ左手に❼コレド日本橋がある。

そのまま進んで交差点を渡りまっすぐ進んで左手に❽山本山がある。

さらにそこを進むと左手に❾日本橋高島屋がある。入口にまわり、入口を背に右にまっすぐ進むとＪＲ・東京駅八重洲口に到着する。

各史蹟解説

1 佐々木印店

初代・佐々木伊賀が徳川家に仕えて江戸に移り、1643年に幕府の御細工所に召し出され幕府御用達の御印判師となる。以来、家重・家治以外の歴代将軍、御三家、御三卿、諸大名の手作り印判を製作し続け、現在に至る。

▲歴代将軍、御三家、御三卿、諸大名の手作り印判を製作した

2 長崎屋跡

長崎出身の江原源右衛門が家康の時に江戸へ移り、初代・長崎屋源右衛門となる。初代から幕府御用達の薬種問屋で、後に幕府がこの商家に唐人参座を置き、幕末まで唐人参専売を行う。カピタン（東インド会社が日本に置いた商館長）一行の定宿としては初代が逝去後、1850年まで使われた。

▲ 1850 年まで続いた長崎屋の跡

3 村田眼鏡舗《がんきょうほ》

日本初の眼鏡専門店。江戸以前から京で御所御用達の鏡師だったが1615年幕府に請われ、江戸で将軍家御用鏡師に。和宮降嫁時に鏡を御上納後、鏡師を廃業。11代目長兵衛は眼鏡の技術を習得、1872年、日本橋室町に眼鏡専門店を開業した。

▲ 1872 年に開業した村田眼鏡舗

コースと所要時間

- スタート　神田駅（北口）▼JR中央線／山手線
- 450m　5分
- 1 佐々木印店
- 150m　2分
- 2 長崎屋跡
- 180m　2分
- 3 村田眼鏡舗
- 90m　1分
- 4 にんべん
- 220m　3分
- 5 日本橋鮒佐
- 170m　2分
- 6 日本橋三越
- 400m　5分
- 7 コレド日本橋
- 160m　2分
- 8 山本山
- 70m　1分
- 9 日本橋高島屋
- 300m　4分
- ゴール　東京駅（八重洲口）▼JR中央線／山手線

4
▲現在のにんべん

4
▲土手筋に戸板を並べて鰹節と塩干類の商いを始めたのが最初

4 にんべん

1699年、初代伊兵衛が日本橋四日市の土手筋に戸板を並べて鰹節と塩干類の商いを始めたのが最初。1704年、小舟町に鰹節問屋を開業。屋号を伊勢屋伊兵衛、商号をおなじみの「カネにんべん」にした。以来300年以上、暖簾を守っている。

5
▲佃煮の元祖である日本橋鮒佐

5 日本橋鮒佐

1862年創業。佃煮専門店として5代150有余年の歴史を持ち、現代の「醤油煮の原型」を作った、佃煮の元祖である。一子相伝で歴代の当主が製法を守りながら、時代に応じた味を創意工夫しつづけている。

6
▲創業の地は現在の日本橋本石町

6 日本橋三越

三井高利が延宝元（1673）年に江戸に呉服店「越後屋」を創業した。「店前現銀無掛値《たなさきげんきんかけねなし》」の当時としては画期的な正札販売を実施した越後屋は、「三井呉服店」から明治37（1904）年に「三越呉服店」を設立。翌年、日本の百貨店の始まりとなる有名な「デパートメントストア宣言」を実施。340余年を超える歴史ある百貨店として、日本橋から日本の文化を世界へ発信し続ける、現在の「三越」となっている。

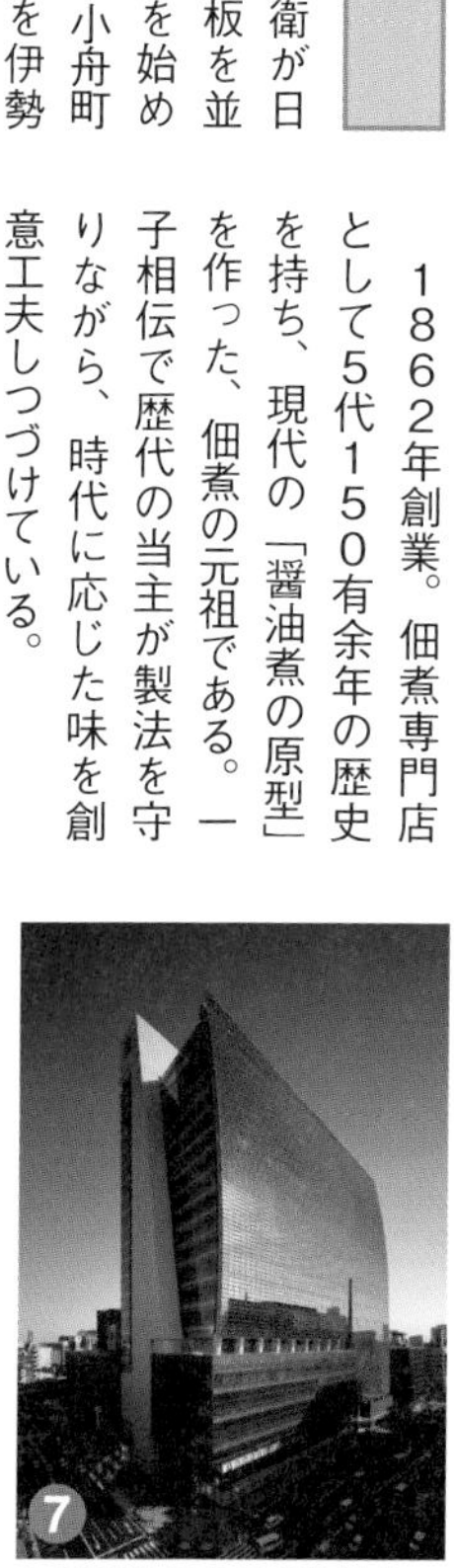
7
▲2004年3月30日オープン

7 コレド日本橋

日本橋一丁目ビルディングは、旧白木屋跡地に建つ。初代が京の寺の中に材木商を開いたのが最初。材木屋だが日本橋進出後は呉服商へ転身、江戸三大呉服店となる。三越と共に近代的デパートの草分けとなるが、1999年、惜しくも創業350年にして閉幕。この跡地の再開発事業として三井不動産と東急不動産により2004年に竣工、同年3月30日にオープンした。旧白木屋の跡地には古井戸が残されている。

8 山本山

1690年、初代山本嘉兵衛が江戸出店。茶・紙類を商い創業。1738年に山城国宇治の永谷宗七郎が青製の煎茶製造に成功、嘉兵衛はその上品なるを認め、「天下一」の号で販売。幕府や寛永寺・御三卿の御用商人となり、1835年、6代目が「玉露茶を発明」する。

▲1690年、初代山本嘉兵衛が江戸出店を果たした

▲創業の地に、2018年9月より山本山 ふじヱ茶房がオープン

9 日本橋髙島屋

1831年、京都で飯田新七が古着商を開き、義父の出身地である滋賀県高島郡（現高島市）から高島屋と命名。1933年東京日本橋店が開店。戦後は屋上にゾウを飼育していたこともあった。2009年、百貨店建築初の重要文化財となった。

▲東京・日本橋店は1933年に開店

▲浅野土佐守邸跡

氷川神社と浅野内匠頭の意外な関係

アクセス　【行き】ＪＲ・四ツ谷駅（赤坂口）
【帰り】日比谷線・六本木駅（1b 口）

総距離　…5.1km　**徒歩による所要時間**　…約１時間

コースガイド

ＪＲ・四ツ谷駅の赤坂口を出て左へまっすぐ行ったところに、❶紀州藩屋敷跡（赤坂迎賓館）がある。そこを左に進み、道なりに右折してしばらく行くと、最初の角を横断してから右折する。そのまままっすぐ行くと、青山通りに出る手前のところに❷赤坂豊川稲荷（豊川稲荷東京別院）がある。

青山通りを渡って右折し、赤坂地区総合支社前の信号を左折してまっすぐ坂を上る。突き当たりを右へ行き、最初の角のところにあるのが❸報土寺である。

報土寺を出てまっすぐ坂を下ると、赤坂五丁目交番前に出る。そこを渡って二つ目を左へ、さらに一つ目を右へ折れる。二叉路を左手へ進むと、左手に見えてくるのが❹赤坂氷川神社である。氷川神社を出て左へ行き、三つ目を左折すると、一つ目の角、左手にある敷地内に、❺勝海舟旧宅跡の地碑がある。

氷川神社の前まで戻り、氷川神社の鳥居を右手に通り過ぎてまっすぐ行くと、最初の信号を左折する。そのまま六本木通りを渡って右折し、外苑西通りとの交差点を渡ってすぐを左折。坂を下ると右手前方にテレビ朝日が見える。その信号を渡って右折し、テレビ朝日の入り口の右手に❻毛利藩上屋敷跡／毛利庭園がある。最寄りの六本木駅へは六本木通りに出て右（霞が関方向）へ進む。

各史蹟解説

1 紀州藩屋敷跡（赤坂迎賓館）

迎賓館とは国賓を迎えた時に、宿泊等の接遇を行う施設。内閣府の施設機関で通常非公開だが、支障が無い8月は事前申し込みで一般参観可能。1909年、紀州藩屋敷跡に東宮御所として建設。戦後、赤坂離宮の敷地や建物は皇室から国に移管された。

▲現在は赤坂迎賓館となっている

2 赤坂豊川稲荷

正式名称は豊川閣妙厳寺東京別院。西大平藩主・大岡越前守が、信仰する豊川稲荷を江戸下屋敷の屋敷稲荷として祀ったのが最初。お祀りする鎮守・豊川枳尼《だきに》眞天《しんてん》が稲穂を荷い、白い狐に跨っていることから、「豊川稲荷」が通称となった。

▲大岡越前守が、信仰する豊川稲荷を江戸下屋敷の屋敷稲荷として祀ったのが最初

3 報土寺／雷電為右衛門の墓所

赤坂一ツ木（現赤坂二丁目）に1614年創建、1780年に当地に移転。史上最強力士とされる雷電為右衛門の墓所がある。寺の練塀は坂の多い港区でも特に急坂の「三分坂」に沿って造られ、塀が弓なりという珍しいもの。練塀は区内では残存少なく、江戸の寺院の姿を伝える貴重なもの。

▲史上最強力士とされる雷電為右衛門の墓所がある報土寺

4 赤坂氷川神社

951年創建。境内に浅野内

▲開運・厄除・良縁の鎮守神として尊崇を深めた赤坂氷川神社

コースと所要時間

- スタート ▼JR中央線・総武線 四ツ谷駅（赤坂口）
- 400m 5分
- 1 紀州藩屋敷跡 ●赤坂迎賓館
- 850m 10分
- 2 赤坂豊川稲荷
- 1000m 12分
- 3 報土寺／雷電為右衛門の墓所
- 500m 6分
- 4 赤坂氷川神社
- 500m 6分
- 5 勝海舟旧宅跡
- 1500m 18分
- 6 毛利藩上屋敷跡／毛利庭園
- 300m 4分
- ゴール ▼日比谷線 六本木駅（1b口）

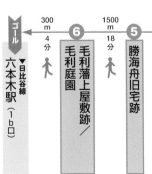

匠頭正室・瑶泉院の実家があった。幕府の尊信篤く、八代将軍吉宗が1729年の将軍職継承時、現在地に現社殿を造営、直々に参拝。以後十四代家茂まで歴代の朱印状を下附され、開運・厄除・良縁の鎮守神として尊崇を深めた。

5 勝海舟旧宅跡

「ソフトタウン赤坂」が建つ場所で、幕末から明治にかけて活躍した勝海舟が1859年から1863年まで住んだ旧跡。海舟は終生赤坂の地を愛し、3カ所に住んだ。屋敷跡は東京市に寄付され、1993年の春まで「区立氷川小学校敷地」として使われていた。

▲勝海舟が1859年から1868年まで住んだ居住跡地

6 毛利藩上屋敷跡／毛利庭園（六本木ヒルズ）

毛利甲斐守上屋敷跡。長門長府藩主（長州藩毛利家の分家）だった、毛利綱元の麻布上屋敷の跡地である。現在は六本木ヒルズ内の毛利庭園となっており、ひょうたん池の傍に、跡地であることを示す標柱が建っている。

▲門長府藩主（長州藩毛利家の分家）だった、毛利綱元の麻布上屋敷の跡地

▲現在は六本木ヒルズ内の毛利庭園

第4章　上野・谷根千・湯島・浅草 編

上野東照宮は修復工事が終わったばかりで、再び金色輝き葵の御紋が燦然と煌めくその豪華さは必見！　日光東照宮と似ている部分を探すのも一興。藤堂高虎が奉納した「お化け灯篭」は、その巨大さに驚くこと請け合い！

▲西郷隆盛像

10 上野・谷根千・湯島・浅草をめぐる❶

延暦寺とともに日本唯一の寺名を持つ寛永寺は幕末、新政府軍との激戦地となった

アクセス　【行き】京成線・上野駅（正面口）
【帰り】ＪＲ・鶯谷駅（南口）

総距離　…約 2.4km　**徒歩による所要時間**　…約 40 分

コースガイド

京成上野駅正面口を出て右へ曲がると、交番が見える。そこを越したところに噴水があり、その向こう側に❶寛永寺の黒門跡と蜀山人（大田南畝）の石碑がある。その右手にある階段を上ったところを右に行くと、❷西郷隆盛像がある。西郷隆盛像を右手にまっすぐ行くと、正面に❸彰義隊戦士之墓が見える。墓所の左脇を通り過ぎると、左斜め前方に赤い建物がある。それが❹清水観音堂である。

清水観音堂を右手に、お堂の左脇の階段を下り、信号を渡ったところにあるのが不忍池で、まっすぐ中央に❹弁天島（不忍弁天堂）が見える。弁天島を背に、信号を渡って左に曲がると、右手に精養軒の看板が見えてくる。そこを通り過ぎ、歩道の行き詰まりまで行くと、右手に鳥居があるのでそこの階段を上る。東照宮ぼたん園の先に突き当たるのが❻上野東照宮の参道である。上野東照宮を背に参道をまっすぐ進むと、動物園交番のある広場に着く。左斜め前方に国立博物館が見えてくるので、その正面まで進む。

突き当たったところを左に曲がり、最初の信号を右折し、突き当たったところを左折したところに寛永寺がある。国立博物館を右へ行っても寛永寺があるが、目指す❼寛永寺根本中堂はそちらではない。寛永寺を背に、墓地を左手にまっすぐ行くと、忍岡中学校が見えるので、そこを左折。ＪＲの上を橋が通っているが、そこを渡らずに左へ行くと、ＪＲ・鶯谷駅南口に着く。

各史蹟解説

1 寛永寺の黒門跡と蜀山人（大田南畝）の石碑

【1 寛永寺旧本坊表門跡（黒門跡）】

黒門ともいい、かつての総門。上野公園入口から噴水広場へ至る道の途中、清水観音堂の下にあって簡素な冠木門だった。上野戦争で焼け残るが1907年、東京都荒川区の円通寺に移築・現存。彰義隊の遺骸が円通寺に葬られた縁で移築、門に弾痕が多数残る。

▲ 1. 慶応4（1868）年の彰義隊の戦争により焼失し、現在はその表門だけが往時の姿を留めている

【2 蜀山人の石碑】

碑面の歌の文字は蜀山人の自筆であるという。蜀山人は号で、南畝・四方赤良など別号多く、一般には大田南畝。幕臣で狂文・狂歌に優れ、漢学・国学を学び博識だった。江戸文人の典型といわれ、狂歌の分野で唐衣橘洲・朱楽管江と共に三大家と評された。

▲ 2. 蜀山人の自筆が書かれた石碑

2 西郷隆盛像

高村光雲の作。憲法発布に伴う大赦で西郷の「逆徒」の汚名が解かれたのを機に、薩摩出身者が中心となり建設計画が始まる。宮内省より500円を下賜され、更に全国2万5千人余の有志の寄付金で建立された。

▲有志の寄付金で建立された西郷隆盛像

3 彰義隊戦士之墓

▲彰義隊隊士の遺体の火葬場の跡に建つ「彰義隊戦士之墓」

コースと所要時間

- スタート ▼京成線 上野駅（正面口）
- 90m 1分
- 1 寛永寺の黒門跡と蜀山人（大田南畝）の石碑
- 100m 1分
- 2 西郷隆盛像
- 30m 1分
- 3 彰義隊戦士之墓
- 50m 1分
- 4 清水観音堂
- 100m 2分
- 5 弁天島 ●不忍弁天堂
- 300m 5分
- 6 上野東照宮
- 1200m 15分
- 7 寛永寺根本中堂
- 1200m 15分
- ゴール ▼JR山手線／京浜東北線 鶯谷駅（南口）

山岡鉄舟筆になる「戦士之墓」は彰義隊隊士の遺体の火葬場の跡に建つ。明治政府をはばかり彰義隊の文字はない。正面の小墓石は寛永寺子院の寒松院と護国院の住職が密かに付近の地中に埋葬したのを後に掘り出したものである。

4 清水観音堂

京都東山の清水寺を模した舞台造りのお堂で、1631年、天海大僧正により建立された。御本尊も清水寺より恵心僧都作の千手観音像を迎え、秘仏としてお祀りしている。

▲天海大僧正により建立された清水観音堂

5 弁天島

不忍池辯天堂は天海大僧正が琵琶湖竹生島になぞらえて、不忍池に中之島を築き、その地に建立した（現在のお堂は1958年に再建）。御本尊の八臂《はっぴ》大辯財《だいべんざい》天《てん》も、竹生島の宝厳寺から勧請したものである。

▲ 1958 年に再建された不忍池辯天堂

6 上野東照宮

1627年、藤堂高虎と天海僧正により、寛永寺境内に家康公をお祀りする神社として創建。1646年に正式に宮号を授けられ、「東照宮」となった。現存する社殿は1651年に三代将軍・家光が造営替えをしたもの。御祭神は徳川家康・徳川吉宗・徳川慶喜。

▲現存する社殿は 1651 年に三代将軍・家光が造営替えをしたもの

7 寛永寺根本中堂

1698年、現上野公園内大噴水の地に建立された根本中堂は、上野戦争時に焼失。現在の根本中堂は川越喜多院の本地堂を山内子院の大慈院（現・寛永寺）の地に移築再建したもの。御本尊は伝教大師最澄の御自刻とされる、薬師瑠璃光如来像を秘仏とする。

▲現存する社殿は 1651 年に三代将軍・家光が造営替えをしたもの

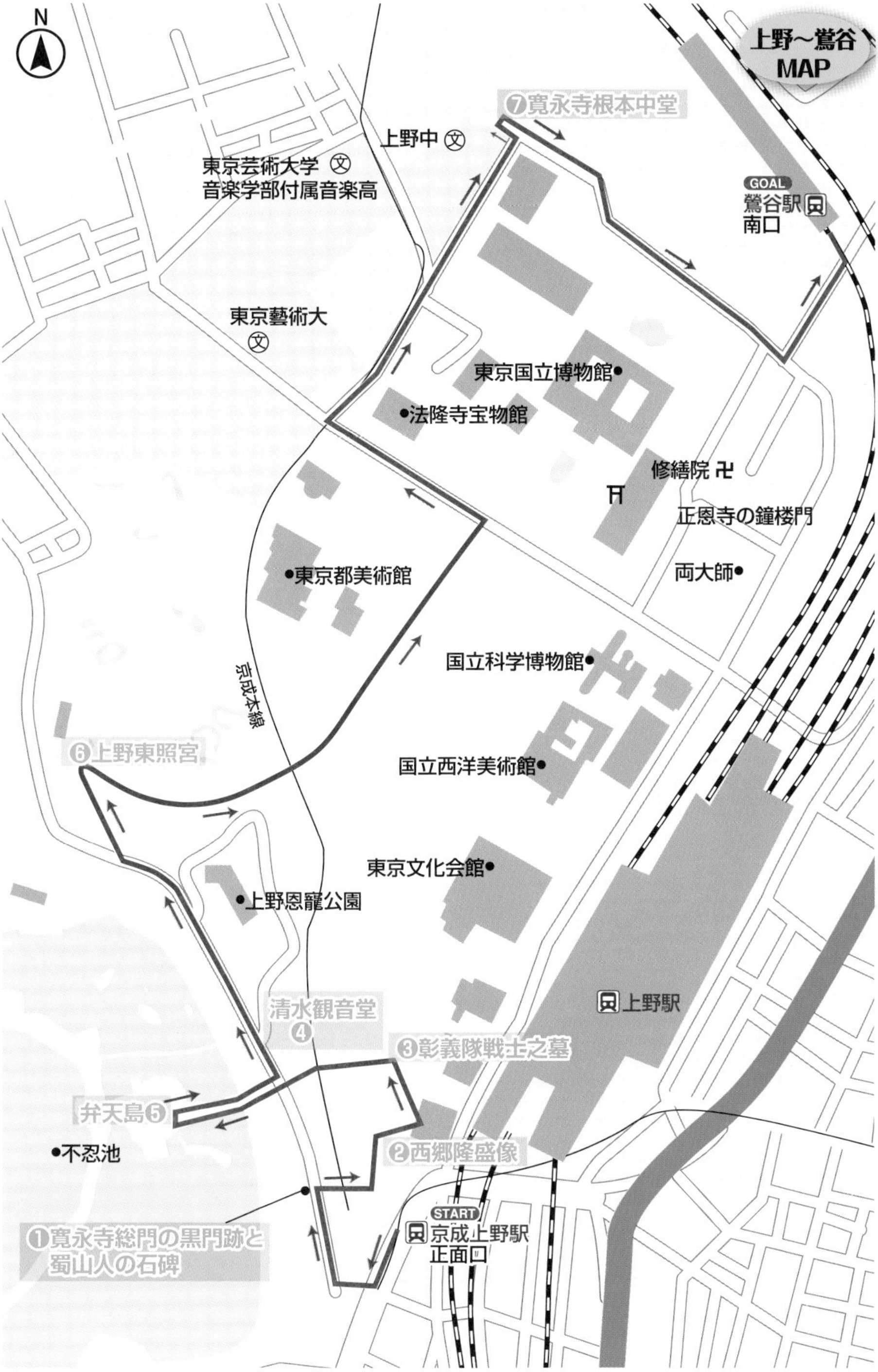
N
上野〜鶯谷
MAP
⑦寛永寺根本中堂
上野中
東京芸術大学
音楽学部付属音楽高
GOAL
鶯谷駅
南口
東京藝術大
東京国立博物館
法隆寺宝物館
修繕院
正恩寺の鐘楼門
両大師
東京都美術館
国立科学博物館
京成本線
⑥上野東照宮
国立西洋美術館
東京文化会館
上野恩寵公園
上野駅
清水観音堂
④
③彰義隊戦士之墓
弁天島⑤
②西郷隆盛像
不忍池
START
京成上野駅
正面口
①寛永寺総門の黒門跡と
蜀山人の石碑

11 上野・谷根千・湯島・浅草をめぐる❷

▲徳川慶喜公墓所外観

江戸っ子たちの夢・富くじの名所と最後の将軍・慶喜公の墓所

アクセス 【行き】JR・日暮里駅（南口）
【帰り】千代田線・千駄木駅（1番口）

総距離 …約1.4km　**徒歩による所要時間** …約25分

コースガイド

JR・日暮里駅南口を出て左のつきあたりまで進み、その左に続く細い坂を登りきると左手に❶天王寺がある。天王寺を背に谷中霊園中央の十字路に出て、十字路中心にある天王寺駐在所まで進むと、駐在所に隣接して❷天王寺五重塔跡がある。

十字路中心から南へ直進して公衆トイレを過ぎると、花屋が集まるあたりの通路の左側に「徳川慶喜墓」の小さな案内板が見えるので、それに従って進むと塀に囲まれた❸徳川慶喜公墓所に着く。

来た道を花屋まで戻り、南へ進んで霊園を出た先にある三叉路を右に曲がると三崎坂。この道を千駄木駅方面へ進むと、右手に❹全生庵がある。

さらに坂を下り不忍通りを越えると千代田線・千駄木駅へ出る。

▲特徴的な外観の日暮里駅南口

各史蹟解説

1 天王寺

1274年に日蓮宗感応寺で創立。江戸前期に将軍家の祈祷所となり、天台宗に改宗。後に「護国山天王寺」と改称。「江戸の三富」として賑い3万5千坪の拝領地があった。1874年その大半を東京府が没収、「谷中霊園」となる。「さくら通り」は元は天王寺の参道である。

▲かつては3万5千坪の拝領地があった天王寺

2 天王寺五重塔跡

1644年建立の五重塔は谷中の塔として親しまれていた。彰義隊の兵火、戦災と奇跡的に残ったが、1957年、ここで無理心中があった時に放火され炎上、灰燼に帰した。幸田露伴の『五重塔』のモデルとしても有名。

▲かつて谷中の塔として親しまれていた五重塔

3 谷中霊園／徳川慶喜公墓所

天王寺の地所を東京府が没収・開発してできた霊園。徳川慶喜の墓など、有名人の墓所が沢山あるので探してみるのもよい。慶喜など徳川家の墓所は寛永寺の管轄。新政府が取り上げようとしたのを必死の攻防の末、徳川家（墓所）を護り通したのはさすがである。

▲慶喜など徳川家の墓所は寛永寺の管轄

コースと所要時間

- スタート　▼JR山手線／京浜東北線　日暮里駅（南口）
- 140m　2分
- 1　天王寺
- 120m　2分
- 2　天王寺五重塔跡
- 300m　4分
- 3　谷中霊園／徳川慶喜公墓所
- 500m　6分
- 4　全生庵／山岡鉄舟の墓所
- 350m　4分
- ゴール　▼千代田線　千駄木駅（1番口）

4 全生庵

山岡鉄舟が幕末維新の際、国事に殉じた人々の菩提を弔うために1883年に建立。清河八郎や山岡鉄舟の墓所がある。江戸城の守り本尊だった、葵正観世音の霊像を遷して本尊とした。他にも山岡鉄舟との縁で落語家・初代三遊亭円朝の墓所もある。

▲清河八郎や山岡鉄舟などの墓所がある全生庵

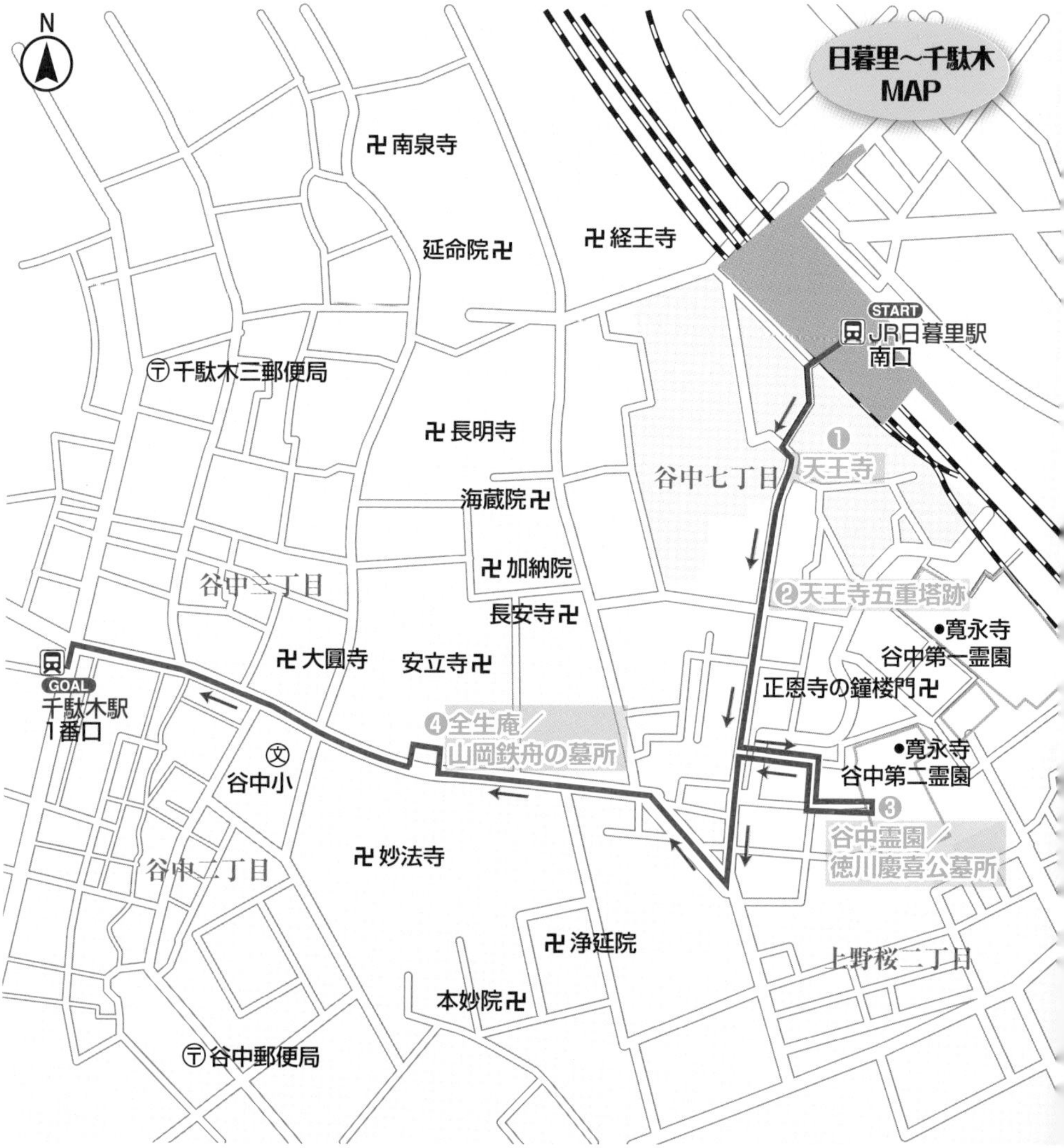

「最後の将軍・徳川慶喜公」にまつわる話

ここでは最後の将軍・徳川慶喜公に関する面白い話をご紹介しよう。

一橋徳川家を継ぐ際に将軍・徳川家慶から偏諱（「慶」の１字）を賜い、（「慶」の字が「よろこぶ」の意味を持つため「よろこぶ」が２つでめでたいの意味から）慶喜と改名。
「慶喜」は「よしのぶ」あるいは通称として「けいき」とも読み、出身地の水戸では「よしのぶ」と呼ばれやすいが、余生を送った静岡では「けいき」と呼ばれることが多い。
生前の慶喜を知る人によれば、慶喜本人は「けいき様」と呼ばれるのが好きらしく、弟・徳川昭武に当てた電報にも自分のことを「けいき」と名乗っている。慶喜の後を継いだ七男・慶久も慶喜と同様に周囲の人々から「けいきゅう様」と呼ばれていたという。「けいき様」と「けいきさん」の２つの呼び方があり、「けいきさん」の呼び方が静岡以外の各地でも確認できる。
また、将軍在職中、幕府の公式文書等には「よしひさ」と読んだとの記録が残る。本人によるアルファベット署名や英字新聞にも「Yoshihisa」の表記が残っている。

慶喜は様々な武術の中から手裏剣術に熱心であり、手裏剣の達人でもあった。大政奉還後も毎日毎日手裏剣術の修練を行ない、手裏剣術の達人たちで最も有名な人物に数えられる。

弓術の練習にも熱心で、日課の一つが１日に150本射ることだった。しかし、晩年は「やり過ぎです！」とドクターストップがかかったため、仕方なく100本に減らした。それでも100本は結構な数じゃないかと…。100本全て射るのに３時間かかったという。

軍艦開陽丸で江戸へ退却後、江戸城に入った慶喜は、鰻の蒲焼を取り寄せるように命じて二分の金を渡したが、時期はずれだったため１両でなければ入手できず、自らの金を加えて買い求めた（つまり、自腹も切った）。また、慶喜から鮪の刺身を食べたいとの指示があったが、食中毒をおそれて刺身を食膳にあげた例はなく、そのため「刺身を味噌づけ」にして食膳にそなえた。
静岡に住んでいる時、家臣達と一緒に愛用の自転車でサイクリングしていた。ちなみに家臣達は走っていたので、追いつくのが大変だった家臣もいただろうと思うのは私だけなのか。その自転車を購入した自転車店は、現在の静岡市葵区紺屋町にあり、近年まで営業していた。

上野・谷根千・湯島・浅草をめぐる③

天神様と将門公に天下の名校が加わる不思議な場所

▲神田明神

アクセス【行き】JR・御茶ノ水駅（御茶ノ水橋口）
【帰り】千代田線・湯島駅（3番口）

総距離…約2.2km　**徒歩による所要時間**…約40分

コースガイド

JR・御茶ノ水駅御茶ノ水橋口の前の交差点を渡ると交番脇の植え込みに❶お茶の水の碑がある。交差点から北へ向かい、お茶の水橋を渡った先の外堀通りを右に進む。聖橋の陸橋をくぐり、さらに進むと❷湯島聖堂がある。

湯島聖堂入口右の角には小さな❸昌平坂の碑がある。湯島聖堂を左に曲がって塀沿いに坂を上り、本郷通りに出たら左折して、お茶の水公園がある交差点を右に曲がると❹神田明神の鳥居が見える。本殿の右横に❹銭形平次の碑が子分・がらっ八の碑と並んで建つ。

本殿裏へ回り、裏参道の階段を降りると蔵前橋通りに出る。通りを左へ進み、清水坂下の信号を右に曲がってそのまま北へ進み、最初の角を右に折れると❺妻恋神社がある。角に戻ってさらに北進すると❻湯島天満宮に至る。天満宮本殿右にある男坂の階段を降り、そのまま進んでバス通りへ出て左折すると千代田線・湯島駅に出る。

▲ゴールとなる千代田線・湯島駅３番口

各史蹟解説

1 御茶の水記念碑

御茶ノ水駅西口、駅前派出所の横に「お茶の水記念碑」がある。今の順天堂医院の辺りにあった高林寺の境内に名水が涌いており、2代将軍秀忠が鷹狩りの帰りに立ち寄りお茶を飲んだので、将軍家御用達の水として「お茶の水」の名がついたという。

▲駅前派出所の横にある「お茶の水記念碑」

2 湯島聖堂

▲1690年に創建された湯島聖堂

五代将軍吉は儒学振興のため、1690年、湯島に聖堂を創建。上野忍岡の林家私邸にあった孔子廟殿と家塾をここに移し、湯島聖堂とした。1797年に幕府直轄学校として「昌平坂学問所（昌平黌）」を開設。土日のみ孔子廟公開。毎年4月に孔子祭を行う。

3 昌平坂の碑

湯島聖堂の脇隅、坂の下に建つが、実は昭和時代に建てた碑。江戸時代はこの坂と碑の前の大通りを昌平坂といった。この坂は通称・団子坂で、大通りの方は現在、相生坂という。孔子の生誕地・昌平郷にちなみ、綱吉がこの2つの坂を昌平坂と命名したという。

▲代将軍・徳川綱吉が「昌平坂」と命名した

4 神田明神／銭形平次の碑

コースと所要時間

スタート ▼JR中央線／総武線 御茶ノ水駅（御茶ノ水橋口）

30m 0分

1 お茶の水の碑

400m 7分

2 湯島聖堂

10m 0分

3 昌平坂の碑

700m 12分

4 神田明神／銭形平次の碑

360m 6分

5 妻恋神社

500m 9分

6 湯島天満宮

200m 4分

ゴール ▼千代田線 湯島駅（3番口）

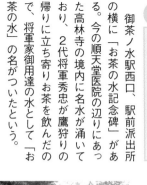

ご祭神の平将門命は朝敵のため三之宮扱いだが、平将門命が実質主祭神といえる。
関東の祟り神で有名だが、江戸の守り神、関東平定した勝負の神として人気が高い。神田明神の氏子・崇敬者は成田山新勝寺（将門公を滅ぼした護摩祈祷の地）の参拝はタブーである。

▲1.平将門命が実質の主祭神

【銭形平次の碑】

『銭形《ぜにがた》平次《へいじ》捕物控《とりものひかえ》』の主人公、平次親分が神田明神下台所町の長屋にお静と2人で住み明神界隈を舞台に活躍したので、1970年に日本作家クラブが発起人となり、碑を建立。神田明神から明神下を見守る場所に建ち、隣には子分・がらっ八の小さな碑もある。

▲2.1970年に日本作家クラブが発起人となり碑を建立

5 妻恋神社

日本武尊が東征時、三浦半島から房総へ渡る時に大暴風雨に会い、妃の弟橘姫《おとたちばなひめ》が身を海に投げて海神を鎮め、尊の一行を救ったことを慕い、妻恋神社として創建したといいう。境内社の妻恋稲荷神社は関東総司・妻恋稲荷として有名で、王子稲荷と並び、多くの参詣者を集めたという。

▲境内社の妻恋稲荷神社は関東総司・妻恋稲荷として有名

6 湯島天満宮

旧称・湯島神社。458年創建と伝わり、関東を代表する天満宮。亀戸天神社・谷保天満宮と共に、関東三大天神のひとつ。太田道灌が再興し、徳川家康は江戸入りの際、神領五石を寄進した。「湯島天神」の名で広く知られ、道真公にちなみ、梅の名所でもある。

▲関東三大天神のひとつ「湯島天満宮」

お茶ノ水～湯島 MAP
N
天神下
GOAL
湯島駅 3番口
453
湯島天神入口
⑥湯島天満宮
湯島中坂上
湯島駅
湯島中坂下
湯島小
本郷三郵便局
日本薬科大 お茶の水キャンパス
ホテルリンテン
東都文京病院
⑤妻恋神社
蔵前橋通り
おりがみ会館
清水坂下
17
神田明神
④神田明神／銭形平次の碑
東京医科歯科大 医学部付属病院
東京医科歯科大
昌平小
御茶ノ水郵便局
②湯島聖堂
お茶の水の碑
①
START
JR御茶ノ水駅 御茶ノ水橋口
③昌平坂の碑
外堀通り

▲浅草神社

13 上野・谷根千・湯島・浅草をめぐる④

浅草で七福神めぐり

アクセス　【行き】銀座線／都営浅草線・浅草駅（1番口）
【帰り】銀座線・田原町駅（1番口）

総距離…約7.4km　**徒歩による所要時間**…約1時間35分

コースガイド

浅草駅から雷門へ向かい、参道を進むと1浅草寺につく。本堂右手に進むと2浅草神社。鳥居を出て左に進み、馬道通りへ出たら左折して言問通りに出る。馬道の信号を右に曲がり、隅田公園の五叉路から隅田公園に剃って北上すると、2つめの角に3待乳山聖天がある。

通りへ戻り三叉路中央の道を進むと4今戸神社につく。ふたたび通りを北上して今戸児童館を右折し、隅田公園を右に見ながらさらに北上すると5橋場不動院に至る。

不動院を出てさらに通りを進み、明治通りを越えると6石浜神社。明治通りに戻り右折して西へ向かい、清川二丁目交差点を左折、次の信号を右折して、アサヒ商店街～日の出会商店街を進み、吉原大門の信号を越えて衣紋坂を辿る。花園公園の手前に7吉原神社が、公園を左に折れた位置に吉原弁財天がある。

公園脇の細道に入って道なりに進み、四叉路を右折、次の角をさらに右折すると8鷲神社につく。神社を出て右に曲がると国際通りに出る。

千束一丁目交差点からは国際通りをそれて直進し、1つめの信号を右、次の信号を左へ折れ、金竜小学校を過ぎると合羽橋道具街通りに入る。合羽橋見交差点の次の信号を右に曲がると9矢先稲荷神社がある。

合羽橋道具街通りに戻って南下し、浅草通りに出て左折すると田原町駅に出る。

各史蹟解説

1 浅草寺

東京都内最古の寺で、山号は金龍山。本尊は聖観音菩薩。天台宗だったが第二次大戦後独立、聖観音宗の総本山となる。通称「浅草観音」。都内唯一の坂東三十三箇所観音霊場の札所（13番）で江戸三十三箇所観音霊場の札所（1番）。浅草七福神の大黒天がある。

▲都内唯一の坂東三十三箇所観音霊場の札所（13番）で江戸三十三箇所観音霊場の札所（1番）

2 浅草神社

平安末期から鎌倉にかけての権現思想流行後、浅草寺由縁の3人の末裔が浅草発展に寄与した郷土神として祖先3者（社）を祀ったと推測される。維新時の神仏分離令で浅草寺と分かれ、明治元年に三社明神社、同6年に現名称になる。浅草七福神の恵比寿がある。

▲浅草七福神の恵比寿がある浅草神社

3 待《まっ》乳《ち》山《やま》聖《しょう》天《でん》

595年突然この地が小高く盛り上がり金龍が舞い降りたという。寺紋は巾着と二股大根の組み合わせで、巾着は砂金袋で

▲毘沙門天が古くから奉安されている待乳山聖天

コースと所要時間

- スタート：浅草駅（1番口）▼銀座線／都営浅草線
- 450m 6分
- 1 浅草寺（大黒天）
- 100m 1分
- 2 浅草神社（恵比寿）
- 700m 9分
- 3 待乳山聖天（毘沙門天）
- 400m 5分
- 4 今戸神社（福禄寿）
- 1100m 14分
- 5 橋場不動院（布袋尊）
- 400m 5分
- 6 石浜神社（寿老人）
- 2000m 25分
- 7 吉原神社（弁財天）
- 150m 2分
- 8 鷲神社（寿老人）
- 1400m 18分
- 9 矢先稲荷神社（福禄寿）
- 700m 9分
- ゴール：田原町駅（1番口）▼銀座線

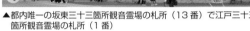

商売繁盛、二股大根は無病息災・夫婦和合・子孫繁栄で歓喜天の福徳を示す。毘沙門天は大聖歓喜天の守神として古くから奉安されている。

▲福禄寿を祀る今戸神社は浅草七福神巡りのスポット

4 今戸神社

1063年、源頼義・義家父子が奥州の阿部貞任・宗任討伐時、戦勝祈願し鎌倉の鶴ヶ丘と浅草今之津（現在の今戸）に京都の石清水八幡を勧請したのが今戸八幡（現在の今戸神社）の創建である。浅草七福神では白髪童顔の温和な容姿の福の神・福禄寿を祀る。

5 橋場不動院

760年、奈良東大寺建立に尽力のあった高僧良弁僧正の第一の高弟寂昇上人が開創。後に天台宗に改め鎌倉以降は浅草寺の末寺、現在は比叡山延暦寺の末寺。本堂は1845年のもので、江戸時代の建築様式を保つ。布袋様は肩に袋ではなく大きなお腹が袋の代わり。

▲本堂は 1845 年のもので、江戸時代の建築様式を保つ

6 石浜神社

724年、勅願で当地に鎮守。源頼朝が藤原泰衡征討時、当社に祈願し大勝したため社殿を造営寄進、神恩に報いた。富士（山）遥拝所があり、寿老神を祀る。東に隅田川、西に富士、北に筑波を遠望する清浄な地で、江戸時代は隅田河畔の名所として有名だった。

▲東に隅田川、西に富士、北に筑波を遠望する清浄な地に建つ

7 吉原神社

江戸時代、新吉原には古くから鎮座されていた玄徳稲荷社、廓内四隅の守護神・榎本稲荷社、明石稲荷社、開運稲荷社、九朗助稲荷社が祀られていたが維新後に合祀、吉原神社として創建。弁財天は遊郭の弁天池に祀られ、関東大震災後に遊郭守護神に加えられた。

8 鷲神社

寿老人を祀り、酉の祭・酉の市で有名。江戸下町を代表する神社で、開運・商売繁昌・家運隆昌・子育て・出世の神徳が深いとされ、「おとりさま」と称され古くから江戸下町の民衆に篤く尊信されてきた。酉の市では縁起物として、熊手が有名である。

7

▲関東大震災後に遊郭守護神に加えられた吉原神社

9 矢先稲荷神社

福禄寿を祀る。1642年、徳川家光が国家安泰・町人の安全祈願・武道練成のため、この地に三十三間堂を建立。弓の射技「通し矢」が行われ、勝てば堂に掲額できて名誉なため大流行。堂の守護神として的の先に稲荷大明神を勧請、「矢先稲荷」と命名された。

9

▲堂の守護神として的の先に稲荷大明神を勧請した矢先稲荷神社

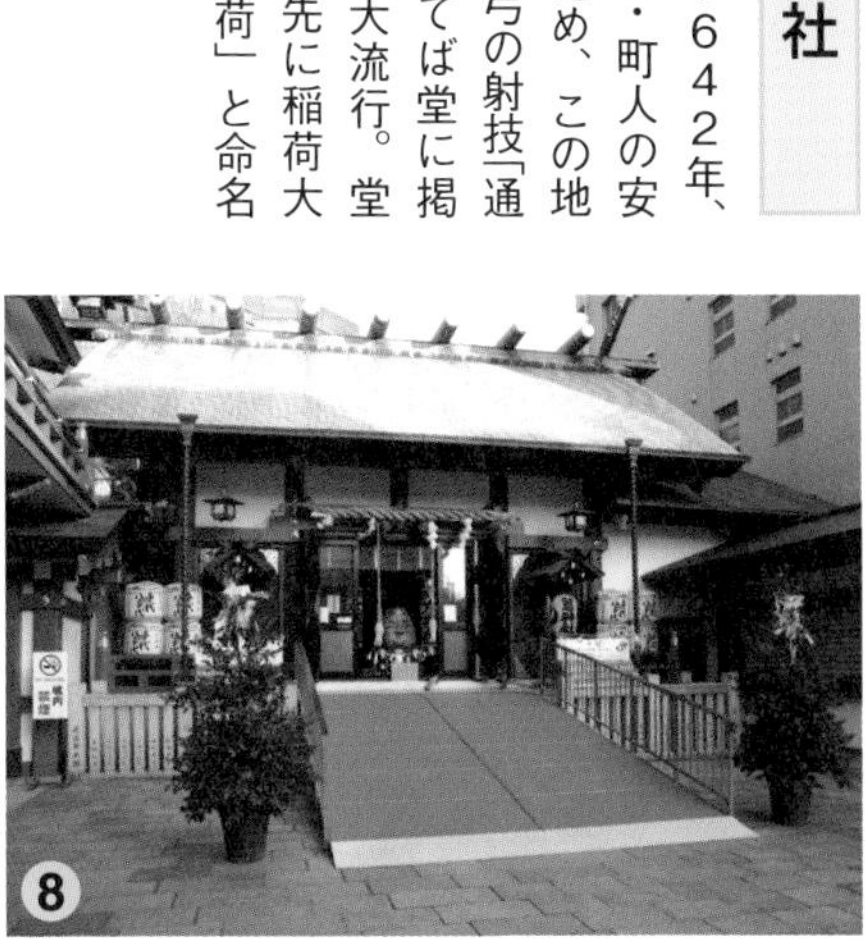

8

▲「おとりさま」と称され古くから江戸下町の民衆に篤く尊信されてきた

浅草～田原町
MAP
N
明治通り
明治通り
吉野通り
昭和通り
土手通り
国際通り
石浜神社⑥
（寿老人）
清川二
橋場不動院⑤
（布袋尊）
東浅草二
橋場交番前
吉原大門
春慶院●
⑦吉原神社（弁財天）
鷲神社（寿老人）⑧
花園通り
464
今戸一
桜橋中前
今戸神社④
（福禄寿）
小松橋通り
千束通り
馬道通り
319
462
464
待乳山聖天③
（毘沙門天）
●台東リバー
サイドスポーツ
センター
合羽橋北
言問通り
浅草ビューホテル
浅草神社（恵比寿）②
●隅田公園
矢先稲荷神社
（福禄寿）
⑨
浅草寺①
（大黒天）
●花川戸公園
6
かっぱ橋道具街通り
国際通り
雷門通り
START
浅草駅
1番口
菊屋橋
GOAL
田原町駅
1番口
463

第5章　亀戸・両国編

吉良邸から泉岳寺へ行く時、女性は「浅野内匠頭邸跡」で区切って築地駅に出て、残りをまた築地駅から歩くというふうに、強行軍せず2回に分けてもいい。泉岳寺は「御朱印は帳面のみ」なので注意して。

14 亀戸・両国をめぐる①

幻の野菜・亀戸大根の栽培地だった香取神社一帯

▲布袋堂（龍眼寺）

アクセス 【行き】ＪＲ・亀戸駅（北口）
【帰り】ＪＲ・亀戸駅（北口）

総距離 …約 4.6km　**徒歩による所要時間** …約１時間

コースガイド

ＪＲ・亀戸駅北口から明治通りに出て❶亀戸十三通り商店街を北へ進む。亀戸四丁目交差点を右に曲がり、蔵前橋通りを東へ進む。４つめの角を左折してまっすぐ進むと❷常光寺に出る。

亀戸四丁目公園の左に続く道を西へ進み、３つめの角を過ぎると❸東覚寺がある。寺の前の道をさらに西へ進むと明治通りに出る。ここから右に曲がって北へ進むと❹香取神社がある。

亀戸大根の碑の左手にある鳥居から境内を出たらすぐ右に曲がり、四つ角の真ん中の道を進む。３つめの角で広めの道に出たら右に曲がり、最初の角を左に進む。信号を越えてさらに進み、４つめの角を右折し、そのまま北へ進むと❺江東天祖神社がある。

神社を出て右に続く大きくカーブする道を道なりに進み、突きあたった道を右折すると❻龍眼寺につく。

寺を出たら左に曲がり、川沿いを南へ進む。天神橋の信号を左折して蔵前橋通りに入り、ＪＲ・亀戸四丁目交差点から十三通り商店街を南下してＪＲ・亀戸駅に戻る。

▲亀戸４丁目交差点

各史蹟解説

1 亀戸十三間通り商店街

江東区最大の商店街。道幅が十三間（約23・4ｍ）と言われるが、氏神様である「香取神社」の文書では「氏子の地境である用水路から東へ十三間の所にあった道」が真相らしい。事実、通りの西側「亀戸二丁目」の西側奥は同じ町内でも氏神様が違う。

2 常光寺

７３７年建立、西帰山と号す。江戸六阿弥陀巡礼６番目の霊場で、江戸を出て最初の巡礼地。六阿弥陀詣は春秋のお彼岸に行基の作と伝わる６体の阿弥陀菩薩がある寺院を参詣するもので、このお寺の本尊である。現在は亀戸七福神の寿老人として親しまれている。

▲江東区最大の商店街

3 東覚寺

▲江戸時代から亀戸不動として信仰を集めた東覚寺

▲亀戸七福神の寿老人として親しまれている常光寺

コースと所要時間

- スタート ▼JR総武線 亀戸駅（北口）
- 100m 2分
- 1 亀戸十三間通り商店街
- 380m 5分
- 亀戸四丁目交差点
- 510m 6分
- 2 常光寺
- 380m 5分
- 3 東覚寺
- 820m 10分
- 4 香取神社
- 680m 9分
- 5 江東天祖神社
- 240m 4分
- 6 龍眼寺
- 1500m 19分
- ゴール ▼JR総武線 亀戸駅（北口）

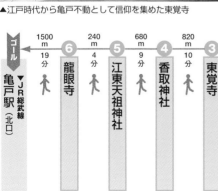

玄覚法印が1531年に創建。1901年に川本村町の法号山覚王寺と合併、法号山と改号。当時の不動明王は東大寺別当良弁の作で、大山寺（神奈川県）の本尊と同木同作といわれ、江戸時代から亀戸不動として信仰を集めた。亀戸七福神の弁財天がある。

4 香取神社

江東区最古の神社。平将門の乱の時、追討使俵藤太秀郷はこの香取神社に参拝し戦勝祈願、平定。神恩感謝の奉賽として弓矢を奉納、勝矢と命名。以来、武道修行の人々は香取大神を祖神とし、現在も「スポーツ振興の神」として有名。大国神、恵比寿神を祀る。

▲江東区最古の神社

5 江東天祖神社

1395年に僧・良傳が、龍眼寺と共に創建。古くは柳島総鎮守神明宮と称した。亀戸七福神の福禄寿がある。境内社の太郎稲荷神社は、筑後立花家下屋敷にあった、立花家の守護神を江戸時代に移したもの。樋口一葉の「たけくらべ」に出てくる神社である。

▲亀戸七福神の福禄寿がある江東天祖神社

6 龍眼寺

慈雲山無量院と号す。1396年に良博大和尚が柳源寺と号して創建したと伝わる。境内の萩は江戸時代から有名で、萩寺と称されるほどだった。亀戸七福神の布《ほ》袋尊《ていそん》としても有名である。

▲亀戸七福神の布《は》袋尊《ていそん》としても有名な龍眼寺

N
亀戸・両国MAP
明治通り
●オリンピック
花王神社
花王●
⑤江東天祖神社
龍眼寺⑥
福神橋
立花団地内郵便局
④香取神社
光明寺
香取小
慈光院
③東覚寺
亀戸天神
②常光寺
亀戸石井神社
都立江東商業高
亀戸四丁目
蔵前橋通り
315
亀戸水神宮
❶亀戸十三通り商店街
友仁病院
亀戸野球場●
水神小
第一亀戸小
306
カメリアホール●
START
GOAL
亀戸駅北口
京葉道路
京葉道路

▲大石良雄外十六人忠烈の跡

15 亀戸・両国をめぐる②

四十七士とともに吉良邸から泉岳寺へ、元禄の凱旋の道を歩く

アクセス 【行き】ＪＲ・両国駅（東口）
【帰り】京急線・泉岳寺駅（A2）

総距離 …15.3km　**徒歩による所要時間** …約3時間20分

コースガイド

ＪＲ・両国駅東口から改札向かいの道から京葉道路へ出て、歩道橋を渡り東へ進む。3つめの角を右折してしばらく進むと白壁の塀に囲まれた❶本所松坂町公園がある。公園を出て右へ進み、吉良邸裏門跡に建つマンションの角を左折し、1つめの信号を右折。斜め向かいに伸びる細い道を進んだ先にある両国パークハウスはかつて義士たちが休息した❷両国橋東詰の地。

細道を戻り最初の角を右折すると一之橋北詰交差点。ここから一の橋通りを南へ進む。清澄公園を過ぎ細い川に沿って進み、高速道路を越しさらに南下すると永代通りに出る。

ここで右に曲がり、橋手前の交番を右折した右手に❸赤穂義士休息の地がある。

永代通りへ戻り、❹永代橋を渡って鍛治橋通りへ。3つめの信号を右折してさらに進むと、亀島川のたもとに❺堀部安兵衛武庸之碑がある。道をさらに進み八丁堀の信号から新大橋通りを南へ。築地三丁目の信号で左折してさらに進むと、桜川公園に隣接した聖路加看護大学の敷地に❻浅野内匠頭邸跡の石碑が建つ。桜川公園を抜け築地本願寺の角を曲がって新大橋通りへ戻り、築地市場方向へ進む。浜離宮正門前あたりから高速道路下の横断歩道を渡って汐留駅を越え、ＪＲ線・第一京浜道路も越えて新虎通り（環二通り）から日比谷通りの交差点を左折すると❼浅野内匠頭終焉の地碑がある。

日比谷通りを南下し、御成

門の信号を左折。浜松町一丁目の信号を右折して第一京浜道路を進み、高速道路をくぐると金杉橋がある。第一京浜をさらに南下し、芝四丁目の信号を右折して道なりに進む。桜田通りへ出て、三田通り交番の前を右、1つめ角を左へ曲がり進んだ先にあるのが伊予松山藩三田中屋敷の跡地に建つイタリア大使館。敷地内には❽**大石主税以下9名切腹跡の碑**がある。桜田通りに戻って南下し、三田三丁目の信号を右折した先の三叉路を左折し、三田中学校、伊皿子の信号を過ぎると、都営高輪一丁目アパート群に出る。アパートの渡り廊下がかかる細道を一番奥まで進むと❾**大石良雄外十六人忠烈の跡の史跡**がある。車道へ戻り、堀江歯科の横から下る細道に入り、高輪学園の敷地の間を道なりに進むと義士たちの墓がある❿**泉岳寺**の山門に出る。山門前の広い道を南へ下ると京急線・泉岳寺駅へ出る。

各史蹟解説

1 本所松坂町公園

吉良上野介が吉良家上屋敷を1701年に建てた。四十七士が討ち入った忠臣蔵の当地として有名。吉良上野介の首洗い井戸が残る。なまこ壁は吉良家の役職「高家」を表すもの。敷地内の松坂稲荷はもと兼春稲荷と称し拝領前の吉良邸内にあり、更に古い。

▲吉良上野介の首洗い井戸が残されている

2 両国橋東詰

四十七士たちはここで小休止を取っているが、当時の東詰は現在、両国パークハウスマンションに変貌している。当時の両国橋は現在より50メートル南にあった。

3 赤穂義士休息の地

永代橋東詰だが、当時の永代橋は現在より150mも上流にあった。そこで義士・大高源吾の友人だった「ちくま味噌」の初代当主が、義士たちへ甘酒粥を振舞ったという。

4 永代橋

1698年8月に徳川綱吉の50歳を祝し、関東郡代の伊奈忠順が架橋。橋の名前は一説では「御代が永代に続くように」の意があるという。上野寛永寺根本中堂

コースと所要時間

- スタート ▼JR総武線 両国駅（東口）
- 400m 5分
- 1 本所松坂町公園 ●吉良邸跡
- 400m 5分
- 2 両国橋東詰
- 140m 2分
- 一之橋北詰交差点
- 2400m 30分
- 3 赤穂義士休息の地
- 200m 3分
- 4 永代橋
- 900m 11分
- 5 堀部安兵衛武庸之碑
- 1200m 15分
- 6 浅野内匠頭邸跡
- 2400m 30分
- 7 浅野内匠頭終焉の地碑
- 1600m 20分
- 金杉橋
- 3100m 39分
- 8 大石主税以下切腹跡の碑
- 1900m 25分
- 9 大石良雄外十六人忠烈の跡
- 500m 6分
- 10 泉岳寺／赤穂浪士墓所
- 200m 3分
- ゴール ▼京急線 泉岳寺駅（A2口）

造営の際の余材を使ったとされ、隅田川で4番目に作られた橋。

5 堀部安兵衛武庸之碑

八丁堀の亀島川に架かる亀島橋の袂にある。新発田藩に仕えた実父・中山主膳の仇討ちを15歳の時に行ったことでも知られ、剣術の達人で忠臣蔵の四十七士の一人である、堀部安兵衛武庸がこの辺りに住んでいたため建てられた。

▲徳川綱吉の50歳を祝し、関東郡代の伊奈忠順が架橋した

6 浅野内匠頭邸跡

聖路加国際大学・入口脇の植込みに石碑がある。江戸城中で吉良上野介へ斬りつけた、浅野内匠頭の屋敷があった場所。築地本願寺の境内には、赤穂浪士の間新六の供養塔もあるため、一緒に見てもいいかもしれない。

▲堀部安兵衛武庸がこの辺りに住んでいたため建てられた

▲田村右京大夫屋敷で浅野内匠頭は切腹した

▲浅野内匠頭の屋敷があった場所

7 浅野内匠頭終焉の地碑

田村右京大夫屋敷跡で、1940年に田村町の有志により建立。江戸城松の廊下での刃傷事件時、城内にたまたま居残っていた一関藩主・田村右京大夫は、愛宕の下屋敷に内匠頭を預かったが、大目付の「庭でさせよ」の指示で切腹させた。

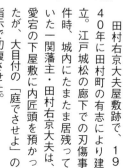

8 伊予松山藩三田中屋敷の跡地／大石主税以下切腹跡

1703年2月4日に江戸幕府の命により、赤穂浪士10士が切腹した場所。その碑が1939年、当時の駐日イタリア大使によって大使館敷地内に建立。揮毫は徳富蘇峰で、毎年10士の命日に駐日イタリア大使が供養を行っている。大使館内ゆえ一般の立ち入りはできない。

9 大石良雄外十六人忠烈の跡

1703年3月20日、熊本藩細川家下屋敷で赤穂浪士の大石良雄（大石内蔵助）他、16士が切腹した場所。現在は都営高輪アパート内である。三田の伊予松山藩屋敷跡（現：イタリア大使館）には、大石主税良金ら十士切腹の地がある。大石父子の切腹はほぼ同時刻であった。

10 泉岳寺／赤穂義士墓所

曹洞宗江戸三箇寺の1つ。1612年に家康が外桜田に創建し、明暦の大火で類焼後は家光により現在地にて再建。浅野内匠頭と赤穂浪士48士が葬られており、毎年4月と12月に義士祭がある。境内に赤穂義士記念館があり、他に高島易断の高島嘉右衛門の墓もある。

▲大石良雄（大石内蔵助）他、16士が切腹した場所

▲青松寺、総泉寺とともに曹洞宗江戸三ヶ寺の1つに数えられる

▲浅野内匠頭と赤穂浪士48士が葬られている

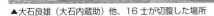

両国～新橋
MAP

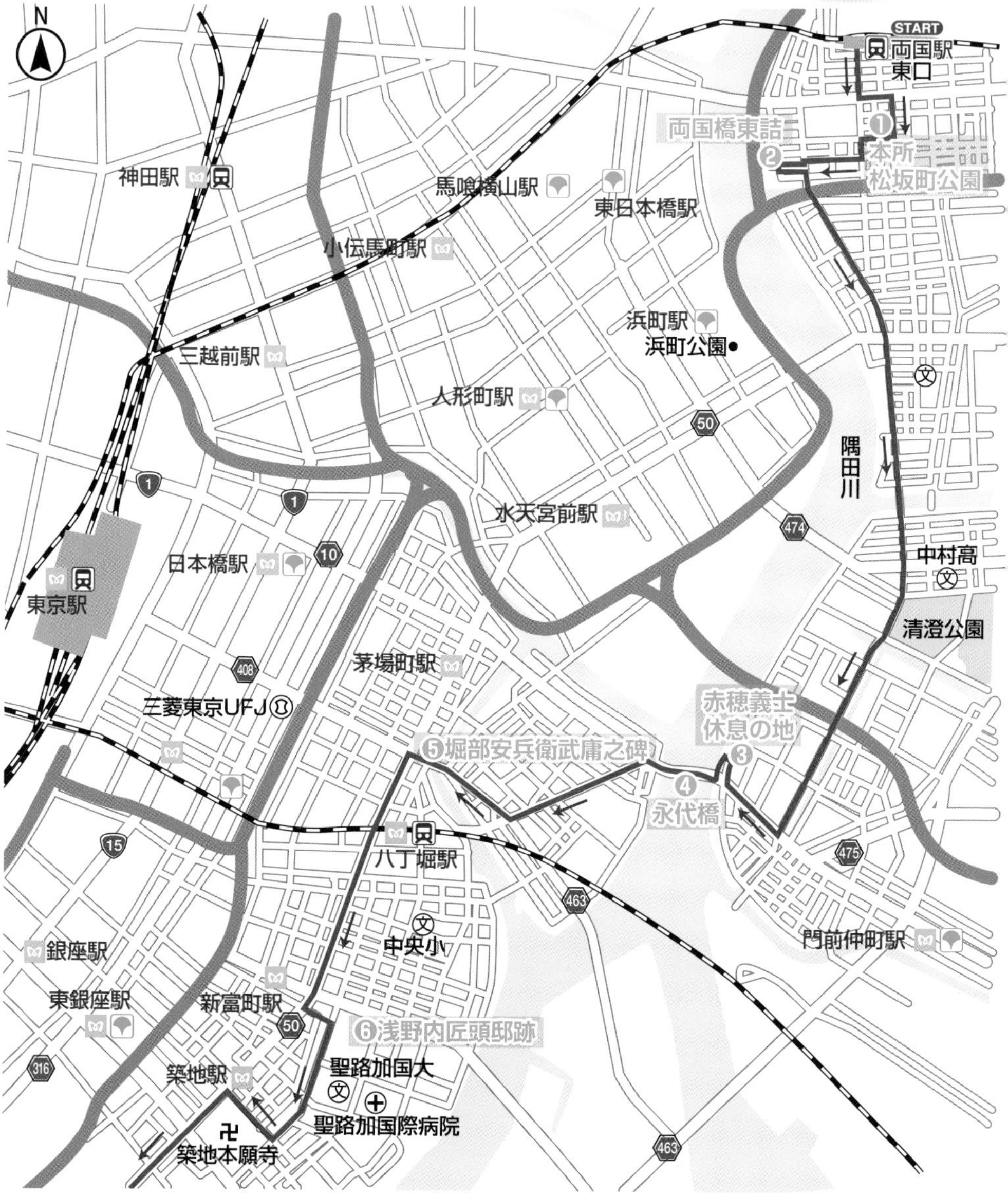
N
START
両国駅
東口
❶
本所
松坂町公園
両国橋東詰
❷
神田駅
馬喰横山駅
東日本橋駅
小伝馬町駅
浜町駅
浜町公園
三越前駅
人形町駅
50
隅
田
川
1
1
水天宮前駅
474
中村高
日本橋駅
10
東京駅
清澄公園
茅場町駅
408
赤穂義士
休息の地
❸
三菱東京UFJ
❺堀部安兵衛武庸之碑
❹
永代橋
15
八丁堀駅
475
463
中央小
門前仲町駅
銀座駅
東銀座駅
新富町駅
50
❻浅野内匠頭邸跡
316
築地駅
聖路加国大
聖路加国際病院
築地本願寺
463

左ページ地図へと続く

新橋～泉岳寺MAP

右ページ地図から続く

16 亀戸・両国をめぐる❸

▲鼠小僧次郎吉の墓（回向院）

江戸の町で一番ともいわれた盛り場は、当時名園といわれた大名庭園や幕末の大物が誕生していた

アクセス　【行き】ＪＲ・両国駅（西口）
【帰り】ＪＲ・両国駅（西口）

総距離　…約 2.3km　**徒歩による所要時間**　…約 30 分

コースガイド

ＪＲ・両国駅西口を出て両国国技館の前を過ぎると❶旧安田庭園につく。庭園を北の門から出ると、信号を挟んだ向かい側に❷横網町公園がある。

慰霊堂前の正門から公園を出て清澄通りを北へまっすぐ進む。石原一丁目の信号を過ぎて最初の角を右に曲がると❸徳之山稲荷がある。

清澄通りに戻って南下し、総武線の高架をくぐる。京葉道路も越えたら最初の角を右に曲がり、さらに進むと❹勝海舟生誕の地碑が建つ両国公園につく。

公園から京葉道路に出たら左折してまっすぐ進むと現代的なデザインの❺回向院山門に出る。山門前の信号を北へ渡り、そのままっすぐ進んでＪＲ・両国駅に戻る。

▲緑豊かな横網町公園

各史蹟解説

1 旧安田庭園

常陸国笠間藩主（後に宮津藩となる）本庄因幡守宗資が元禄年間（1688~1703）に下屋敷として築造。隅田川の水を引いた汐入回遊式庭園（現在は人工ポンプ）。維新後、旧備前岡山藩主池田侯邸、安田善次郎の所有となる。善次郎の没後は東京市に寄附された。

隅田川の水を引いた汐入回遊式庭園だった
開園時間
4月～9月：9:00～19:30
10月～3月：9:00～18:00
休園日：年末年始

2 横網町公園

場所柄「よこづな」と読まれやすいが、「よこあみちょう」と読む。江戸幕府の材木・竹・米蔵などがあった。維新後は陸軍被服廠があったが赤羽（現在の東京都北区）に移転後東京市が買収、公園として整備し、現在に至る。東京都慰霊堂や復興記念館がある。

▲東京都慰霊堂や復興記念館がある横網町公園

3 徳之山稲荷

本所・深川を開発した本所築地奉行徳山五兵衛の屋敷跡。屋敷神として稲荷神を祀ったが、その功績を称え御霊を合祀、徳ノ山稲荷神社とした。大盗賊の日本《にっぽん》左衛門《ざえもん》首洗い井戸跡がある。五兵衛は彼を捕縛時、日光を見たことがないというので処刑前に日光参拝を許した。

▲本所築地奉行・徳山五兵衛の屋敷跡

コースと所要時間

- スタート ▼JR総武線 両国駅（西口）
- 480m 6分
- 1 旧安田庭園
- 30m 0分
- 2 横網町公園
- 200m 3分
- 3 徳之山稲荷
- 1000m 13分
- 4 両国公園／勝海舟生誕の地碑
- 370m 5分
- 5 回向院／鼠小僧
- 230m 3分
- ゴール ▼JR総武線 両国駅（西口）

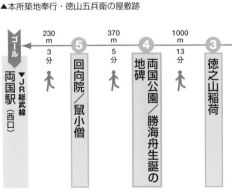

4 両国公園／勝海舟生誕の地碑

現在は両国公園となっているが、当時は父・小吉の実家である男谷《おたに》邸があり、そこで生まれたので、勝海舟生誕之地碑と、その由来が書かれた石碑が建てられている。

▲当時は父・小吉の実家である男谷邸があった

5 回向院／鼠小僧の墓所

1657年に建立。将軍家綱は同年の明暦の大火で亡くなった人々を手厚く葬るようにと現在地に土地を下賜、大法要を執り行う。この時、念仏を行じた御堂が回向院の最初。勧進相撲の定場所として明治末期まで〝回向院相撲〟の時代を築く。鼠小僧の墓所がある。

▲明暦の大火で亡くなった人々の供養のために建てられた

第6章 吉原編

待乳山聖天は本殿を覗くとお供えの大根が山積みで、一見の価値あり。

浄閑寺（投込寺）の新吉原総霊塔は、見ると遊女たちの辛さ悲しさが心に伝わるようでため息が出る。ぜひ手を合わせてあげたい。

▲見返り柳

17 吉原をめぐる❶

客のつもりで吉原へ、遊女の最期は浄閑寺

アクセス 【行き】 JR・浅草橋駅（東口）
【帰り】 日比谷線・三ノ輪駅（3番口）

総距離 …約5.8km　**徒歩による所要時間** …約1時間20分

コースガイド

JR・浅草橋駅から江戸通りを左へ、最初の角を左折すると❶銀杏岡八幡神社がある。江戸通りに戻って北上し、蔵前一丁目の交差点脇の緑地帯に❷天文方天文台跡の説明板が建つ。さらに北上して❸駒《こま》形《かた》どぜうへ。さら進むと❹吾妻橋が見える。

浅草駅前から浅草松屋を左に見る通りを進み、東参道交差点を左折すると花川戸公園に出る。園内には往時を偲ぶ人工池を背景に❺姥ヶ池旧跡碑が建つ。

通りに戻って北上を続け、五叉路を隅田川に沿って直進すると、隅田公園の少年野球場近くに❻待乳山聖天がある。その先には❼今戸橋跡があり、山谷堀公園と台東リバーサイドスポーツセンター敷地内に往時の欄干が残されている。山谷堀公園内には江戸時代の❼山谷堀の様子を描いた絵入り説明板が設置されている。

南北に長い山谷堀公園の北端は❽地方橋。そこから土手通りに出て北上すると❾見返り柳。

そこからS字状に伸びる❿衣紋坂を辿るとつきあたりの花園公園近くに⓫吉原神社、公園を挟んだ向かい側には吉原弁財天がある。衣紋坂を吉原大門まで戻って左折し、土手通りを北へ。

明治通りをへて三ノ輪駅前の交差点へ出たら、日光街道方面へ向かい、1つめの角を右に折れると⓬浄閑寺がある。ここから来た道を戻ると、日比谷線・三ノ輪駅3番口に着く。

各史蹟解説

▲もとは源頼義・義家が奥州征伐に向かう途中の戦勝祈願地

1 銀杏岡八幡神社

源頼義・義家が奥州征伐に向かう途中、小高い丘だった当地に銀杏の枝を差して戦勝祈願。その帰途に当社を創建したという。江戸時代は福井藩松平家屋敷地となり邸内社となったものの、のちに幕府に公収され町内（福井町）の産土神となったという。

▲江戸時代後期にこの地に天文台が置かれた

2 天文方天文台跡

江戸通り蔵前一丁目交差点。江戸時代後期に幕府の天文・暦術・測量・地誌編纂・翻訳などを行う施設として天文台が置かれた。司天台・浅草天文台などと呼ばれ、1782年牛込藁店（現、新宿区袋町）から移転、新築された。正式名称は頒暦所御用屋敷。

▲現在は7代目が引き継いでいる

3 駒形《こまがた》どぜう

1801年創業。初代越後屋助七は武蔵国出身で、18歳で江戸で奉公後、浅草駒形にめし屋を開いた。どぜうなべ・どぜう汁に加え、二代目助七がくじらなべを売り出し順調だったが戦災で全焼。6代目の尽力とお客の支援で復興、現在は7代目が暖簾を守る。

コースと所要時間

スタート ▼JR総武線 浅草橋駅（東口）
70m 1分
1 銀杏岡八幡神社
500m 6分
2 天文方天文台跡
800m 10分
3 駒形どぜう
400m 5分
4 吾妻橋
500m 6分
5 姥ヶ池旧跡碑
500m 6分
6 待乳山聖天
80m 1分
7 今戸橋跡・山谷堀
800m 10分
8 地方橋
200m 3分
9 見返り柳
50m 1分
10 衣紋坂
500m 6分
11 吉原神社
1300m 16分
12 浄閑寺
100m 1分
ゴール ▼日比谷線 三ノ輪駅（3番口）

4 吾妻橋

1774年に架橋するまで「竹町の渡し」という渡し舟の場所だった。江戸時代に隅田川に架橋された5橋のうち最後の橋。武士以外の全ての通行者から2文ずつ通行料を取った。1786年7月の洪水時、唯一無傷で残り、架橋した大工や奉行たちが褒章を賜った。

▲江戸時代に隅田川に架橋された５橋のうち最後の橋

5 姥ヶ池旧跡碑

花川戸公園の池。隅田川に通じていた大池で、1890年に埋立てられた。娘が連れ込む旅人の頭を石枕で叩き殺す老婆がおり、ある夜、娘が旅人の身代わりになり死ぬ。それを悲しんで悪業を悔やみ、老婆は池に身を投げて果てたので、姥ヶ池と呼んだという。

▲悪業を重ねた老婆が身を投げたとされる姥ヶ池の跡

6 待乳山聖天

（コース13／P61参照）

7 今戸橋跡・山谷堀

【1 今戸橋跡】

山谷堀最下流の橋が今戸橋で、北岸が今戸（町）。橋をこえる通りは旧奥州街道で、浅草御門から蔵前、浅草を通り宇都宮まで日光街道と同じ道（現江戸通り）だった。千住大橋が出来るまでは浅草御門から続く日光街道で「橋場の渡し」につなぐ重要な町だった。

▲ 1. 山谷堀最下流の橋

【2 山谷堀】

江戸初期に荒川の氾濫を防ぐため、箕輪（三ノ輪）から大川（隅田川）への出入口の今戸まで造られた水路。新吉原への水上路で隅田川から猪牙舟が往来、吉原通いを「山谷通い」といった。現在は埋め立て日本堤から隅田川入口までを「山谷堀公園」とする。

▲ 2. 箕輪（三ノ輪）から大川（隅田川）への出入口の今戸まで造られた水路

▲山谷堀には9つの橋が架かっており、そのうちの1つ

8 地方橋

「ぢかたばし」と読む。吉原へ行く客を乗せた猪牙舟は、隅田川から吉原をつなぐ水路・山谷堀を往来した。山谷堀には9つの橋が架かっており、そのうちの1つがこの地方橋。現在、山谷堀は埋め立てられ公園となり、架かっていた橋は全て、石造りの橋台を残すのみである。

9 見返り柳

京都の島原遊郭の門口の柳を模したという。帰りの客が後ろ髪を引かれる思いで、この柳のあたりで遊郭を振り返ったということから「見返り柳」の名があり、「きぬぎぬのうしろ髪ひく柳かな見返れば意見か柳顔をうち」など、多くの川柳の題材となっている。

10 衣紋坂《えもんざか》

遊客がここで衣紋をつくろったことに由来する。土手通りから吉原の入口の間にある坂で、廓内から出入りする客が外から見えないように、S字状の道にしたのだという。

▲多くの川柳の題材となっている見返り柳

11 吉原神社

（コース13／P63参照）

12 浄閑寺

1855年の大地震の時、吉原の遊女が投げ込み同然に葬られたことから「投込寺」と呼ぶ。その後も遊女たちを葬り、慰霊のための新吉原総霊塔のほか、よく当寺を訪れた永井荷風の詩碑が建つ。毎年、荷風の命日である4月30日頃に寺主催の「荷風忌」がある。

▲「投込寺」と呼ばれた

◀土手通りから吉原の入口の間にある坂

吉原MAP

左ページ地図へと続く

N
浅草七福神
姥ヶ池旧跡碑❺
西浅草二丁目
国際通り
花川戸一丁目
浅草一丁目
雷門通り
西浅草一丁目
浅草通り
雷門一丁目
❹吾妻橋
雷門二丁目
元浅草四丁目
新堀通り
寿二丁目
寿四丁目
駒形橋
駒形一丁目
元浅草三丁目
寿一丁目
駒形どぜう❸
寿三丁目
三筋二丁目
蔵前四丁目
蔵前三丁目
厩橋
蔵前小
江戸通り
三筋一丁目
蔵前二丁目
春松院卍
都下水道局
天文方天文台跡❷
蔵前警察署
蔵前橋
蔵前一丁目
浅草橋二丁目
都下水道局
銀杏岡八幡神社❶
柳橋二丁目
START
浅草橋駅東口

吉原 MAP

N
日光街道
南千住駅
⑫浄閑寺
南千住二丁目
GOAL
三ノ輪駅
3番口
明治通り
三ノ輪二丁目
三ノ輪一丁目
日本堤二丁目
吉野通り
●NTT白鬚
清川二丁目
玉姫神社
土手通り
竜泉三丁目
台東日本堤局
日本堤一丁目
衣紋坂
⑩
東浅草二丁目
石浜小
⑨
見返り柳
東浅草小
春慶院
清川一丁目
吉原神社
⑪
花園通り
東浅草一丁目
464
今戸二丁目
千束通り
地方橋⑧
浅草五丁目
今戸一丁目
浅草橋警察署
馬道通り
浅草四丁目
浅草六丁目
浅草三丁目
待乳山聖天⑥
⑦今戸橋跡・山谷堀
花川戸二丁目
⑤

右ページ地図から続く

18 吉原をめぐる❷

苦界の遊女たちを思い、華やかなりし吉原を偲ぶ

▲浄閑寺新吉原総霊塔

アクセス 【行き】日比谷線・三ノ輪駅（3 番口）
【帰り】日比谷線・三ノ輪駅（1b 口）

総距離 …約 2.5km　**徒歩による所要時間** …約 35 分

コースガイド

日比谷線・三ノ輪駅を出て昭和通りを北へ向かうと、常磐線の高架手前にあるのが❶三ノ輪橋跡。

台東区が設置した記念柱と荒川区の説明番が少し離れて並ぶ。柱と説明板の間の細道を辿ると❷浄閑寺。

敷地内には新吉原総霊塔がある。寺の向かいから斜めに伸びる道を進み、三ノ輪二丁目の信号がある三叉路からかつてあった❸日本堤の土手道である土手通りを辿る。

吉原大門の信号そばには❹見返り柳が立つ。ここから衣紋坂を道なりに進み、花園公園を左に折れると❺吉原弁財天。弁財天を出て左に進み、最初の角を右に折れると国際通りに出る。通りを北上し日比谷線・三ノ輪駅へ戻る。

▲昭和通りと明治通りの交差点付近にある三ノ輪駅３番口

各史蹟解説

1 三ノ輪橋跡

▲かつての三ノ輪橋は、長さは五間四尺（約10ｍ）幅三間（約6ｍ）だった

三ノ輪橋は石神井川の支流として、王子から分流した音無川に架けられ（現在の日光街道と交差するところ）、長さは五間四尺（約10ｍ）幅三間（約6ｍ）だった。しかし農業用水としての役目を終えた音無川は暗渠となり、橋も消えてしまった。

2 浄閑寺

（コース17／P83参照）

3 日本堤

▲隅田川出水による被害を防ぐため、幕府が

現在の浅草7丁目から三ノ輪を結んでいた堤のこと。隅田川出水による被害を防ぐため、幕府が築いた。山谷から聖天町にかけて別の堤があり、両方合わせて二本堤といったため、そこから日本堤と呼ばれるようになった。

4 見返り柳

（コース17／P83参照）

5 吉原弁財天

（コース13／P63参照）

石柱は吉原の大門を模す。吉原神社に合祀されたため正確には神社ではないが、現在も鎮魂碑など多くの遺構を残す。新吉原造成時、残った池の池畔に弁天祠が祀られ遊郭楼主たちの信仰を集めた。浅草七福神の一社として毎年正月に多くの参拝者が訪れる。

▲草七福神の一社として毎年正月に多くの参拝者が訪れる

コースと所要時間

スタート ▼日比谷線 三ノ輪駅（3番口）
→ 90m 1分 → 1 三ノ輪橋跡
→ 90m 1分 → 2 浄閑寺
→ 300m 4分 → 3 日本堤
→ 500m 6分 → 4 見返り柳
→ 500m 6分 → 5 吉原弁財天
→ 1000m 13分 → ゴール ▼日比谷線 三ノ輪駅（1b口）

吉原MAP
N
三ノ輪橋跡❶
❷浄閑寺
南千住二丁目
大関横丁
START
三ノ輪駅
3番口
同善病院
明治通り
昭和通り
GOAL
三ノ輪駅
1b口
三ノ輪二丁目
梅林寺
東盛公園
東泉小
日ノ出湯
三ノ輪一丁目
❸日本堤
日本堤二丁目
土手通り
竜泉二丁目
竜泉三丁目
国際通り
日本堤一丁目
日本堤一丁目
竜泉
吉原大門
衣紋坂
❹見返り柳
日本堤公園
西徳寺前
千束四丁目
台東病院
長国寺
千束保健センター
鷲神社
花園公園前
花園通り
❺吉原弁財天
千束一丁目
カクヤス
浅草五丁目

第7章　芝編

増上寺の徳川家墓所は霊廟の門の重厚感など必見。浜離宮は鴨場。鴨が「安心して休憩していた」可愛らしい場所だ。旧新橋停車場はよく再現保存されており必見。出世希望者は愛宕神社の「出世の階段」へ行くべし！

19 芝をめぐる❶

徳川将軍家の菩提寺と潮の満ち引きを利用した芝離宮

▲増上寺

アクセス 【行き】JR・浜松町駅（北口）
【帰り】JR・浜松町駅（北口）

総距離 …約 4.1km　徒歩による所要時間 …約 1 時間

コースガイド

ＪＲ・浜松町駅の北口を出て右折すると、すぐ右手に❶旧芝離宮恩賜庭園がある。北口を左折してまっすぐ行くと、第一京浜の横断歩道を渡って右折。一つ目の角を左折してまっすぐ突き当たりに、❷芝大神宮がある。

そこから少し戻って右折、大きな通りに突き当たって右折したところに、芝大門が見える。それをくぐって突き当たったところにあるのが❸増上寺である。増上寺の門をくぐって右手前方に、❹日本最大の梵鐘がある。さらに右奥、本殿の裏手の方に❺徳川家墓所がある。戻って増上寺を出ると、日比谷通りを右折。そのままま っすぐ行くと、右手に❹芝東照宮が見える。

芝東照宮の右脇の公園道を行くと、裏手に❻芝丸山古墳がある。登って山頂へ行き、裏手の階段から国道３１９号へ出たところを右へ行く。そのまま公園を回り込んで信号を右折してしばらく行くと、東京タワー下という信号があるので、そこを渡る。その先の東京タワーへ続く道を登ると、東京タワーの正面辺りに❼金地院がある。

東京タワー通りを下りると、東京タワー前という信号があるので、そこを渡って増上寺を右手にまっすぐ進む。日比谷通りに出て右折すると、増上寺前の信号へ戻るので、そこを左折してまっすぐ行くと、ＪＲ・浜松町駅北口に戻る。

各史蹟解説

1 旧芝離宮恩賜庭園

老中・大久保忠朝の上屋敷の庭園「楽寿園」が最初で、回遊式庭園。

作庭当時は海に面しており、汐入の湖がある庭だった。維新後は宮内庁管理の離宮となり、1924年に東京市に下賜、旧芝離宮恩賜庭園として公開された。

▲かつての老中・大久保忠朝の上屋敷の庭園「楽寿園」

2 芝大神宮

一時期は准勅祭社とされた東京十社の1社で、旧社格は府社。茗荷市のだらだら祭と、め組の喧嘩が有名。伊勢神宮の内外両宮の祭神を祀るため、関東における伊勢信仰の中心的な役割を担い、「関東のお伊勢様」とも尊称される。

▲関東における伊勢信仰の中心的な役割を担う

3 増上寺

徳川家の菩提寺で二代・六代・七代・九代・十二代・十四代と6人の将軍の墓がある。浄土宗の七大本山の一つで、17世紀中頃は広大な寺有地に120以上の堂宇、100軒を越える学寮が甍ぶきの屋根を並べ、3000人以上の学僧の念仏が全山に響いていたという。

▲徳川家の菩提寺であった増上寺

コースと所要時間

- スタート ▼JR山手線／京浜東北線 浜松町駅（北口）
- 80m 1分
- 1 旧芝離宮恩賜庭園
- 550m 7分
- 2 芝大神宮
- 350m 4分
- 3 増上寺
- 70m 1分
- 4 日本最大の梵鐘 ●増上寺境内にある
- 180m 2分
- 5 徳川家墓所
- 700m 9分
- 6 芝東照宮
- 150m 2分
- 7 芝丸山古墳
- 850m 10分
- 8 金地院
- 1200m 15分
- ゴール ▼JR山手線／京浜東北線 浜松町駅（北口）

▲江戸三大名鐘の一つ

4 日本最大の梵鐘

増上寺境内の鐘楼堂にある。1633年に建つが、現在の鐘楼は戦後に再建されたもの。鐘楼堂に収められている大梵鐘は、1673年にあまりの大きさに7回の鋳造を経て完成し、東日本で最大級。江戸三大名鐘の一つでもある。

▲6人の将軍、5人の正室、5人の側室ほか多数が埋葬されている

5 徳川家墓所

6人の将軍、5人の正室、5人の側室、甲斐国甲府藩主・徳川綱重など歴代将軍の子女多数が埋葬されている。徳川将軍家霊廟は御霊屋とも呼ばれ増上寺大殿の南北（左右）に立ち並んでいたが南廟被災と空襲直撃で殆ど焼失、一ヶ所にまとめられ現在地に改葬された。

▲日光東照宮・久能山東照宮・上野東照宮と並ぶ、四大東照宮の一つ

6 芝東照宮

祭神は徳川家康、神体は徳川家康寿像。この像は、家康が還暦を迎えた記念に自らの像を刻ませた「寿像」を、自身が駿府城で祭祀していたもの。日光東照宮・久能山東照宮・上野東照宮と並ぶ、四大東照宮の一つ。芝公園の一角にあり、元来は増上寺内の社殿だった。

7 芝丸山古墳

芝公園にある、前方後円墳。都内では最大級の規模で、江戸時代には後円部頂が崩され広場になっていたとみられている。

伊能忠敬が測量の練習に使ったという。

8 金地院

徳川家康を開基とし、特賜圓照本光国師以心崇伝和尚（金地院崇伝）が1619年に江戸城北の丸内に創建、1639年に当地へ移転。和尚は建長寺・南禅寺の住職だった高僧で、京都南禅寺金地院と当金地院を兼務、寛永寺の天海大僧正と共に「黒衣の宰相」と称された。

▲都内では最大級の規模を誇る芝丸山古墳

▲徳川家康を開基とする金地院

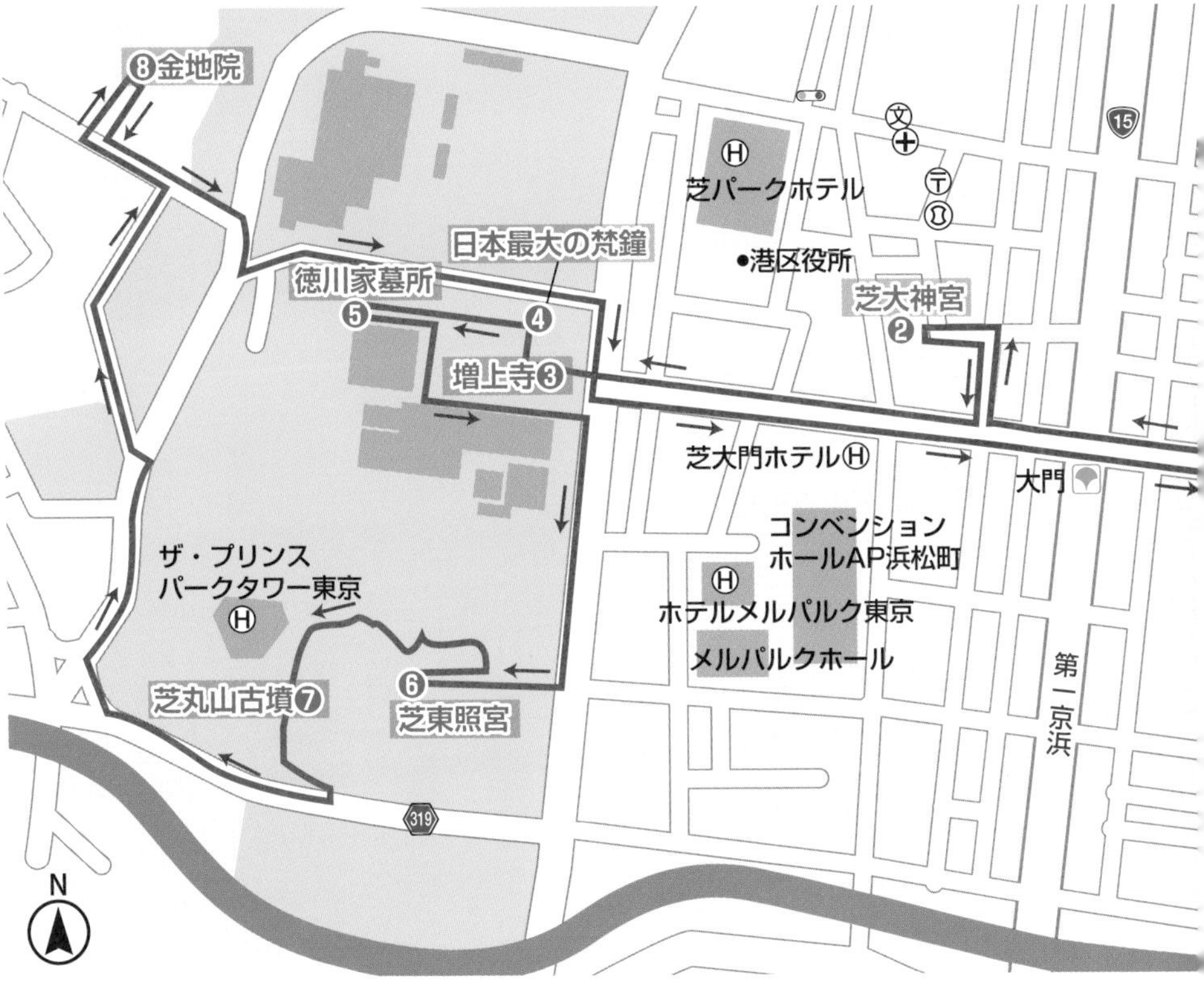

▲芝口御門跡碑

20 芝をめぐる②

浜離宮庭園と松平定信が愛した江戸湾の絶景

アクセス　**【行き】JR・浜松町駅（北口）**
【帰り】都営大江戸線・築地市場（A3 口）

総距離 …約 5km　**徒歩による所要時間** …約 1 時間

※浜離宮（浜御殿）庭園内での距離・移動時間は含まない）

コースガイド

　JR・浜松町駅の北口を出ると右へ進む。首都高速都心環状線の下をくぐって渡り左折する。そのまままっすぐ行くと、右手に**❶浜離宮恩賜庭園**の「中の御門橋」があり、そこから浜離宮庭園へ入る。入場料を支払って右奥へと進むと**❷新銭座鴨場**、正面奥へ進むと**❸庚申堂鴨場**がある。

　大手門橋から出て汐先橋の信号を渡ってまっすぐ行くと、蓬莱橋の信号の手前に左へ上る歩道橋がある。首都高速都市環状線の下をくぐって歩道橋を渡ってまっすぐ進むと、左手に**❹旧新橋停車場**が見えてくる。それを左手に進んで昭和通りと中央通りの交差点を右折し、銀座八丁目の信号を右折する。二つ目の道の先にあるのが**❺芝口御門跡碑**である。さらにまっすぐ進むと昭和通りに出るので、そこを左折。その先に銀座七丁目の信号があり、歩道橋があるので、それを渡って右折する。左側に渡ってまっすぐ進むと、正面に築地中央卸売市場が見えてくる。その正面の左脇の壁に、**❻白河藩下屋敷跡**（浴恩園跡）のプレートがある。そこを左折して、二つ目の道を右折すると、突き当たりにあるのが**❼波除稲荷**である。そこを左折して晴海通りに出たところを右折してすぐ、左手通り沿いに**❽軍艦操練所跡**のプレートがある。

　晴海通りを銀座方面に行くと新大橋通りとの交差点に出る。そこを左折。築地中央卸売市場の正門前で右折してしばらく行くと、都営大江戸線・築地市場駅に着く。

▲潮入の池と二つの鴨場を持つ浜離宮恩賜庭園

▲小覗きから鴨の様子を見ながらエサと囮のアヒルで引堀におびきよせた

▲鴨場は将軍の鴨猟に使われた

各史蹟解説

1 浜離宮恩賜庭園

潮入の池と二つの鴨場を持つ、江戸時代の代表的な大名庭園。海水を引き潮の干満によって池の趣を変えるもので、海辺の庭園で通常用いられた様式。旧芝離宮恩賜庭園・清澄庭園・旧安田庭園も潮入だが、現在、実際に海水が出入りしているのはここだけ。

2 新銭鴨場

1791年築造。池と林を3mの土手で囲い、土手に常緑樹や竹笹を植え、鴨が安心して休息できるよう外部と遮断。池に幾筋かの引堀（細い堀）を設け、小覗きから鴨の様子を見ながらエサと囮のアヒルで引堀におびきよせ、土手の陰から網ですくい取っていた。

3 庚申堂鴨場

1778年築造。新銭鴨場と同様、両鴨場は将軍の鴨猟に使われた。

コースと所要時間

- スタート ▼JR山手線／京浜東北線 浜松町駅（北口）
- 1300m 16分
- ① 浜離宮（浜御殿）庭園
- 2分
- ② 新銭座鴨場
- 3分
- ③ 庚申堂鴨場
- 1000m 12分
- ④ 旧新橋停車場
- 300m 4分
- ⑤ 芝口御門跡碑 ●江戸城南側最外門
- 1000m 12分
- ⑥ 白河藩下屋敷跡（浴恩園跡） ●中央卸売市場の正門壁
- 280m 3分
- ⑦ 波除神社／波除稲荷
- 160m 2分
- ⑧ 軍艦操練所跡
- 950m 12分
- ゴール ▼都営大江戸線 築地市場（A3口）

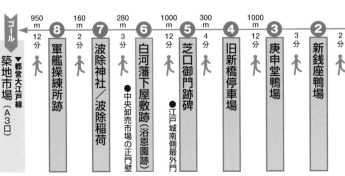

4 旧新橋停車場

日本初の駅・新橋停車場の駅舎を当時と同じ場所に再現。駅舎真下にある史跡は各窓から駅舎基礎石積み・プラットフォーム石積みなど見学できる。石積みのプラットフォームを再現、レールも敷設。レールの起点には鉄道発祥の証「0哩（ゼロマイル）標識」と車止めも復元。

▲新橋停車場の駅舎を当時と同じ場所に再現した

5 芝口御門跡碑

江戸城南側、最も外にある門。1710年、六代将軍・徳川家宣の時、新井白石の建議により朝鮮通信使の入府に備えて国威を顕示するため建設された。しかし1724年に芝口御門は焼失。以後、門は再建されなかった。

▲ 724 年に芝口御門は焼失した

6 白河藩下屋敷跡

天下の名園といわれた浴恩園の場所に中央卸売市場がある。1792年に松平定信が隠居した場所で、塵外の別天地といわれた。関東大震災で消滅、その面影を刻んだ銅版画が市場内に保存されている。中央卸売市場の正門壁に「浴恩園跡」のプレートがある。

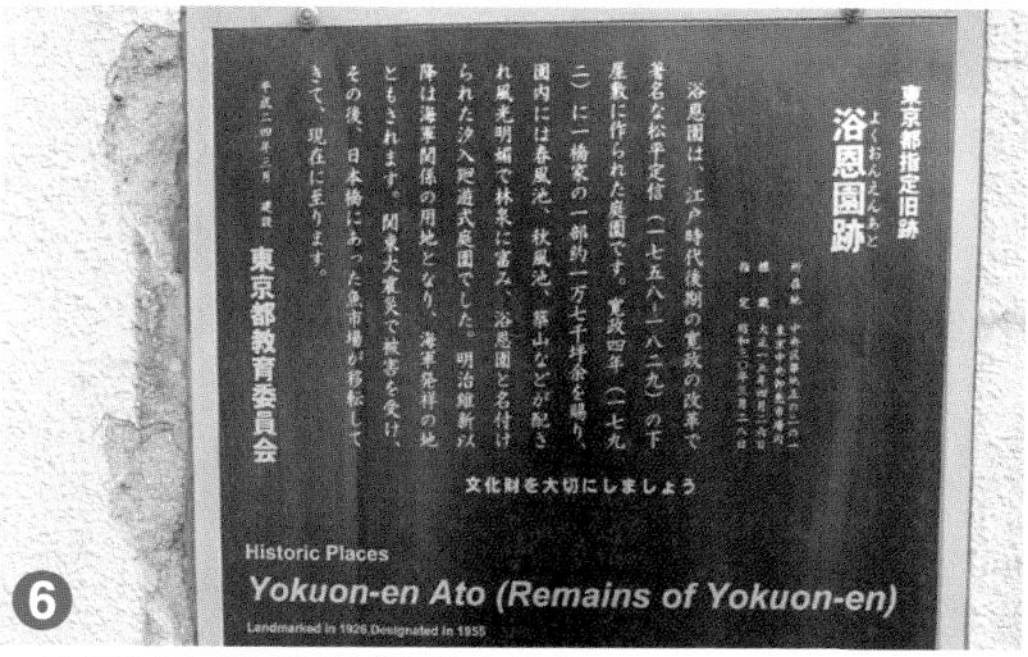

▲ 1792 年に松平定信が隠居した場所

7 波除神社／波除稲荷

波除稲荷神社ともいう。明暦の大火後、築地の埋め立て工事が行われたが、荒波の影響で工事は難航した。その最中のある晩、光を放ち漂う御神体が見つかり、1659年、現在地に社殿を建て祀った。その後、波が収まり工事が順調に進んだことから、以後は波除け・厄除けの神様として信仰を集めて現在に至る。

▲波除け・厄除けの神様として信仰を集めている

8 軍艦操練所跡

江戸幕府が幕末に海軍士官養成のために築地に設置。築地軍艦操練所とも呼ぶ。長崎海軍伝習所閉鎖後、幕府海軍教育の中核施設となる。長崎ではオランダ軍事顧問団が教官を務めたが、軍艦操練所では主に日本人教官による教育が行われた点が異なる。

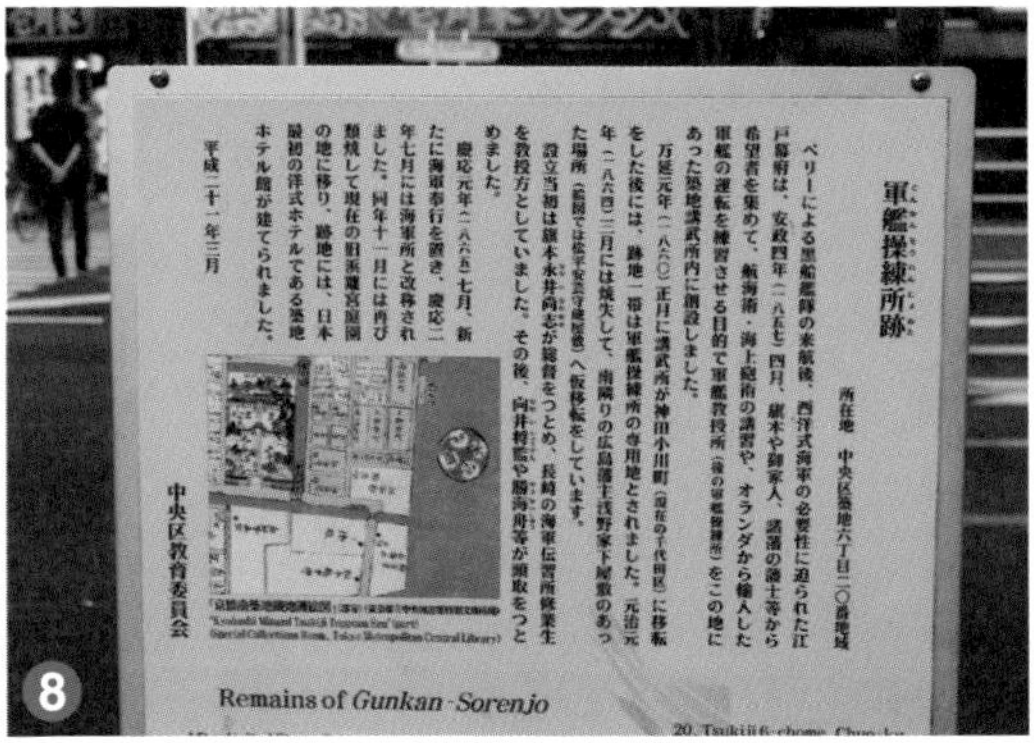

▲築地軍艦操練所とも呼ばれた

▲杉田玄白の墓所

21 芝をめぐる③

天下無双の馬術の達人として瞬く間に有名になった、出世神社

アクセス 【行き】日比谷線・神谷町駅（3 番口）
【帰り】三田線・御成門駅（A4 口）

総距離 …約 2.8km **徒歩による所要時間** …約 30 分

コースガイド

日比谷線・神谷町駅を出て桜田通りを右に行き、一つ目の信号を右折する。トンネルをくぐって愛宕神社前という信号を左折したところに、左手に❶**愛宕神社**が見える（側道もいくつかある）。

引き返して桜田通りに至る手前の信号を右折すると、右手に猿寺と呼ばれる❷**栄閑院**がある。そのまま進むと虎ノ門ヒルズに突き当たるので、そこを左折。桜田通りに出て虎ノ門三丁目の信号を右折してまっすぐ進み、虎ノ門二丁目、虎ノ門一丁目の信号を越えると、左手に❸**金刀比羅宮**がある。

引き返して虎ノ門一丁目の信号を左折する。すると日比谷通りと交差するところに西新橋二丁目の信号があるので、そこを右折。2つ目の信号を右折して日比谷通りを進むと、左側の歩道に❹**浅野内匠頭終焉の地碑**がある。それを過ぎてまっすぐ行くと、都営三田線の御成門駅の入り口に到着する。

▲栄閑院の境内にある猿の像

各史蹟解説

1 愛宕神社(出世神社)

愛宕山（標高26ｍ）の山頂にあり、山の証しである三角点がある。天然の山としては23区内で一番の高さ。別名・出世神社ともいうが、防火・防災に霊験ある神社でも知られる。１６０３年、家康が勝軍地蔵菩薩を勧請して創建。京都の愛宕神社が総本社である。

▲1603年、家康が勝軍地蔵菩薩を勧請して創建

▲四国丸亀藩家臣・曲垣平九郎の名が一日にして全国に轟いた

【出世の石段】

家光が芝の増上寺参詣の帰り愛宕神社の下を通り、愛宕山に咲く梅を見て一言。

「誰か馬であの梅を取って参れ！」四国丸亀藩家臣・曲垣平九郎だけが成功し、家光から「日本一の馬術の名人」と讃えられ、その名が一日にして全国に轟いたことにちなむ石段である。

2 栄閑院／杉田玄白の墓所

江戸時代、この寺に猿回しの泥棒が逃げ込み住職の説教で改心。諸国巡礼後、寺で預かった猿が芸を見せるようになり「猿寺」と呼ばれるようになった。猿塚、猿像がある。「解体新書」を翻訳し、「蘭学事始」を書いた蘭学者・オランダ外科医の杉田玄白の墓所もある。

▲蘭学者・オランダ外科医の杉田玄白の墓所もある栄閑院

コースと所要時間

- スタート ▼日比谷線 神谷町駅（3番口）
- 550m 7分
- 1 愛宕神社（出世神社）／出世の石段
- 400m 5分
- 2 栄閑院／杉田玄白の墓所
- 500m 6分
- 3 金刀比羅宮
- 900m 11分
- 4 浅野内匠頭終焉の地
- 450m 5分
- ゴール ▼都営三田線 御成門駅（A4口）

3 金刀比羅宮《ことひらぐう》

1660年、讃岐国丸亀藩主・京極高和が藩領の象頭山に鎮座する金刀比羅宮（本宮）の御分霊を芝・三田の藩邸内に勧請。京極高豊の代に現在の虎ノ門（江戸城裏鬼門）に遷座。江戸庶民の熱烈なる要請に応え毎月十日に限り藩邸解放し参拝を許可し、現在に至る。

4 浅野内匠頭終焉の地

（コース15／P72参照）

▲京極高豊の代に現在の虎ノ門（江戸城裏鬼門）に遷座した

第8章 小石川・駒込・巣鴨編

お金持ちになりたい人は牛天神へ行くと、貧乏神様の御加護で好転するかも。
源覚寺の閻魔様は眼病平癒の由来によって「割れて濁った右目」になったので、
眼病の方は平癒するようお祈りするべし。

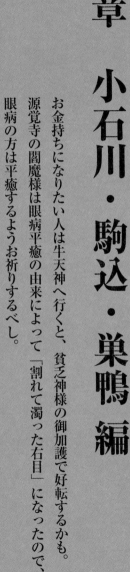

22 小石川・駒込・巣鴨をめぐる❶

▲伝通院

御薬園と目安箱で実現した無料療養所に医師たちの心意気を思う

アクセス 【行き】ＪＲ・水道橋駅（西口）
【帰り】ＪＲ・水道橋駅（西口）

総距離 …約 3.1km　徒歩による所要時間 …約 40 分

コースガイド

ＪＲ・水道橋駅西口を出て後楽橋を渡り、外堀通りを渡る。左に曲がってウィンズ後楽園の建物脇に入ると、小石川後楽園の裏門が見える。左側の路地に入って直進すると、❶水戸藩上屋敷跡（小石川後楽園）西門に着く。

西門から出て右折し、直進して信号を渡る。左に曲がった先を右に曲がり、最初の信号で右折。坂を上ると❷牛天神・北野天神が見える。

牛天神の鳥居を出て直進し、最初の信号を右に曲がる。直進した先の「伝通院前」の信号で春日通りを渡り、さらに進むと❸伝通院に到着する。

▲小石川２丁目の信号で右に曲がると源覚寺のこんにゃくえんまの標柱が見えてくる

伝通院の門を出て左に曲がり、善光寺坂を下る。「小石川２丁目」の信号で右に曲がり、直進すると❹源覚寺にたどり着く。

源覚寺を出て右に曲がり、直進した先の「後楽園駅前歩道橋」を渡り、東京ドームの横を右に迂回する。右手に見える小石川後楽園に沿って進むと外堀通りに出るので、左に曲がる。最初の信号で外堀通りを渡って直進すると、ＪＲ・水道橋駅西口に到着する。

各史蹟解説

1 水戸藩上屋敷跡（小石川後楽園）

1629年水戸藩初代藩主・徳川頼房が作庭家・徳大寺左兵衛に命じて築いた築山泉水回遊式の庭園。光圀が改修、明の遺臣朱舜水の選名により「後楽園」と命名・完成。出典は『岳陽楼記』の「天下の憂いに先じて憂い、天下の楽しみに後れて楽しむ」による。

▲明の遺臣朱舜水の選名により「後楽園」と命名

2 牛天神・北野神社

境内の太田神社は貧乏神（黒闇天女）を祀っていた。小石川に貧乏な旗本が住んでいた。ある晩夢に貧乏神が現れ「赤飯と油揚げを供え祀れば福徳を授ける」と告げ、その通りにしたら万事好調、豊かになった。旗本は神像を彫り牛天神に納めたと伝わる。

▲境内に太田神社がある

3 伝通院

1603年に家康が生母・お大をこの地に葬り、堂宇を建立したのが伝通院の最初。将軍家の帰依も篤く、浄土宗の関東18檀林の一つで常時1000人の学僧が修行していた。お大の方・千姫（豊臣秀頼妻・2代秀忠の長女）等、徳川家ゆかりの女性の墓が数多くある。

▲徳川家ゆかりの女性の墓が数多くある

コースと所要時間

スタート ▼JR中央線・総武線 水道橋駅（西口）
500m 6分
1 水戸藩上屋敷跡 ●小石川後楽園
400m 5分
2 牛天神・北野天神
500m 6分
3 伝通院
600m 8分
4 源覚寺（困厄閻魔《こんにゃくえんま》）
1100m 14分
ゴール ▼JR中央線・総武線 水道橋駅（西口）

4 源覚寺（困厄閻魔）

1624年、現在地に開創。眼病平癒の「こんにゃくえんま（困厄閻魔）」で有名。「塩地蔵」は歯痛緩和のお地蔵さん。鐘は戦前にサイパン島「南洋寺」に寄進、戦後所在不明だったが米国で発見、オークランド市から返還された。元禄三年の銘あり。毘沙門天を祀る。

▲眼病平癒の「こんにゃくえんま（困厄閻魔）」で有名な源覚寺

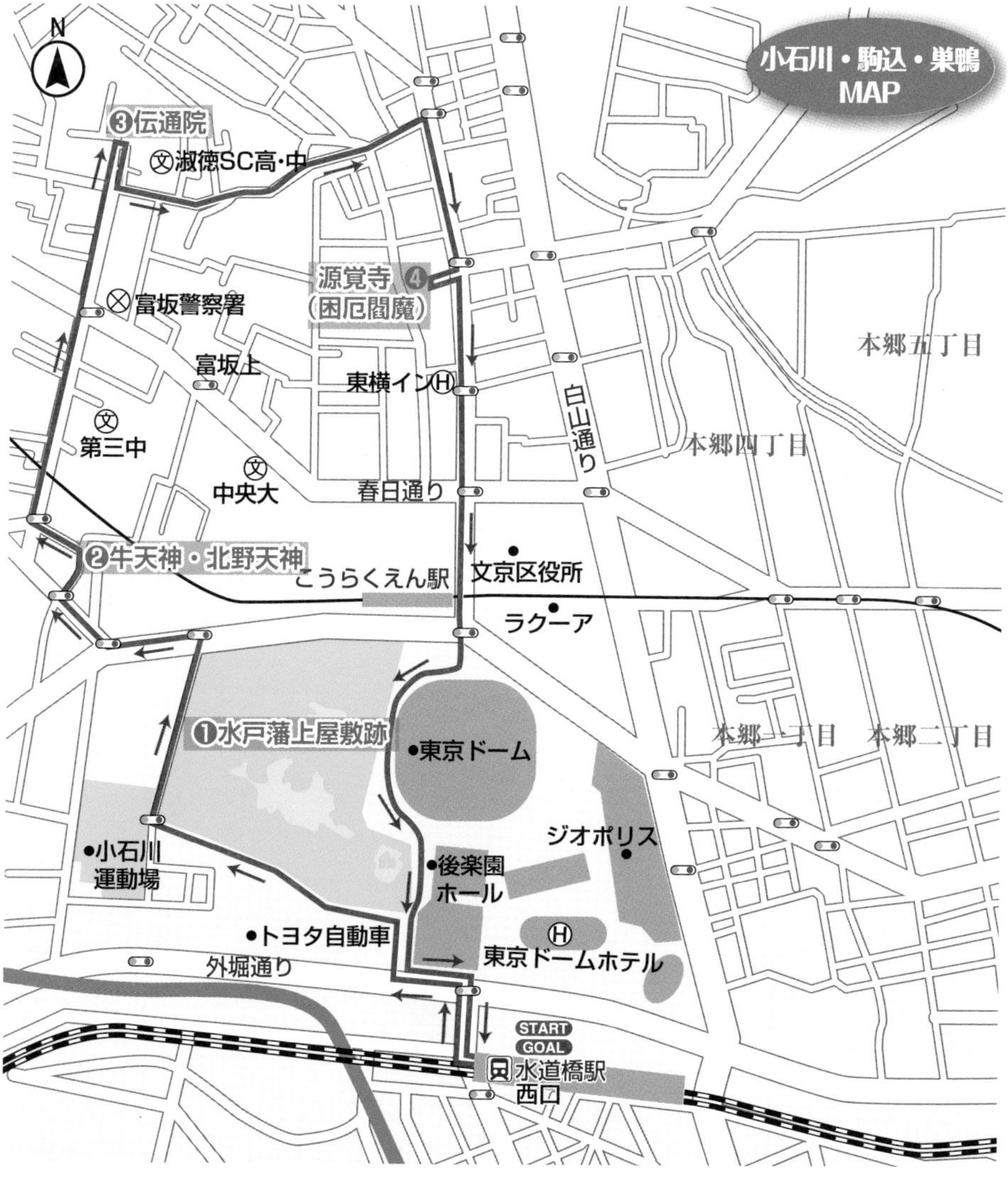

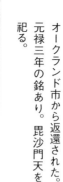

「水戸黄門」として有名な「徳川光圀」にまつわる話

今回は「水戸藩上屋敷跡」である「小石川後楽園」を整備した、徳川光圀について。

徳川御三家の一つ、水戸藩の第2代藩主で「水戸黄門」としてつとに有名である。諡号は「義公」。また神号は「高譲味道根之命」（たかゆずるうましみちねのみこと）という。

水戸藩初代藩主・徳川頼房の三男であり、神君・徳川家康の孫である。


第5代将軍・徳川綱吉のときは、当時生きている唯一の家康の孫として長老的存在であったこともあり、静かになかなかの権力を持っていたと言われており、当然のことながら幕府の政治にも影響力を持っていた。


儒学を奨励し、彰考館を設けて『大日本史』を編纂し、水戸学の基礎をつくったのはよいが、まさか自分が始めたこの編纂事業が、のちに本宗家である徳川将軍家および徳川幕府打倒・瓦解（しかもそれは成功してしまうのだ！）をさせるにおいて、極めて重要な大義名分を与えてしまうようになるとは、思いもよらなかっただろう。

だが、もし彼がその未来を予見できたとして、果たして編纂事業を取りやめただろうか。

気になるところである。


ところでこの光圀だが、実は危うく「命を抹殺される」ところだったことはあまり知られていないのではないだろうか。

1628年6月10日、水戸徳川家当主・徳川頼房の三男として水戸城下柵町（茨城県水戸市宮町）の家臣・三木之次（仁兵衛）屋敷で生まれるのだが…。

皆さん、ここで違和感を覚えてほしい。

そう。なにゆえ「家臣の家で生まれたのか？」ということである。


光圀の母は谷重則（佐野信吉家臣、のち鳥居忠政家臣）の娘である久子といい、なんと、父・頼房は三木夫妻に対し、久子の堕胎を命じていたのである！

まだ母の胎内にいるあいだに、既に実の父によって自分の命が風前の灯になるとはなんたることであろうか！このまま三木夫妻が堕胎させていれば露と消えたはずなのだが、（頼房から見て）この不忠な家臣夫妻は主命に背き、密かに出産させたために九死に一生を得た。もっともこれには理由があったようで、久子が光圀を懐妊した時は、父の頼房はまだ正室を持っていなかったことがそれである。先に妾腹で男子が出た場合、のちのち面倒なことになるのを避けるためだったらしい。

後に光圀自身が回想した『義公遺事』によれば、母・久子は奥付きの老女の娘で「正式な側室ではなかった」とあり、それも不運な要因だった。

だが、久子も可哀想なのである。母について奥に出入りするうちに頼房の寵を得て、光圀の同母兄である頼重を懐妊したが、久子の母はこのことに憤慨し、正式な側室であったお勝も不機嫌となったため、頼房は堕胎を命じているからだ。

頼房という人物、母体と自分の子供の命をいくらなんでも軽んじ過ぎではなかろうか。

ちなみに頼重は同じく奥付老女として仕えていた三木之次の妻・武佐（またもや三木夫妻！）が頼房の准母・英勝院と相談し、密かに江戸の三木邸で生まれている。

▲六義園

23 小石川・駒込・巣鴨をめぐる②

柳沢吉保の権勢を垣間見ることができる八十八景の庭園と大阪の陣の敗者

アクセス 【行き】 JR・水道橋駅（西口）
【帰り】 南北線・本駒込駅（1番口）

総距離 …約 2.3km　**徒歩による所要時間** …約 35 分

コースガイド

JR・駒込駅から本郷通りを約500m南下し、不忍通りの1つ手前の角を右折すると❶六義園正門がある。本郷通りに戻り、富士神社入り口の信号を左折すると❷駒込富士神社につく。

神社を出て左に進み、3つめの角を右に曲がり、しばらく歩くと左手奥に❸駒込名主屋敷がある。

本郷通りに戻り、さら南下すると左手に❹吉祥寺が、その先の右手に❺南谷寺／目赤不動がある。本駒込駅前の歩道橋脇から左斜めに伸びるのがかつての❻駒込のやっちゃ場。通り入り口に近い❼天栄寺には駒込土物店縁起碑が建つ。本郷通りから左に曲がり50mほど歩くと駒本小学校横に⑧高林寺へ至る小道がある。

来た道を本郷通りまで戻るとすぐ近くに南北線・本駒込駅がある。

▲コースのスタートとなる JR・駒込駅南口

▲コースのゴールとなる南北線・本駒込駅 1 番口

各史跡解説

1 六義園《りくぎえん》

徳川綱吉の側用人・柳沢吉保が下屋敷として造営した天下の名庭園。1695年に加賀藩旧下屋敷跡地を拝領したため、7年かけ回遊式築山泉水庭園にした。名称は紀貫之が『古今和歌集』序文に書いた「六義」（むくさ）という和歌の六つの基調を表す語に由来する。

▲柳沢吉保が下屋敷として造営した天下の名庭園

2 駒込富士神社

拝殿は富士山に見立てた富士塚の上にあり、江戸時代の富士信仰の拠点の一つとなる。富士講の中でもここは最も古い組織の一つがあり、町火消の間で深く信仰された。火消頭の組長などから奉納された町火消の纏（まとい）を彫った石碑が数多く飾られている。

▲町火消の間で深く信仰された駒込富士神社

3 駒込名主屋敷跡

大阪夏の陣後豊臣方残党としてここに亡命し、駒込の開拓を許され名主を務めた高木将監の屋敷。その後高木家は代々名主を務めた。現存のものは1717年築。旗本以上にしか許されない式台付き玄関がある。町人の訴えや争いの仲裁をこの玄関で行い、「名主様玄関の裁き」と言われた。

▲かつて代々名主を務めた高木家の屋敷

コースと所要時間

- スタート ▼JR山手線 駒込駅（南口）
- 500m 6分
- 1 六義園
- 400m 5分
- 2 駒込富士神社
- 300m 4分
- 3 駒込名主屋敷
- 500m 6分
- 4 吉祥寺／二宮尊徳・榎本武揚の墓所
- 200m 3分
- 5 南谷寺／目赤不動
- 200m 3分
- 6 駒込のやっちゃ場
- 10m 0分
- 7 天栄寺／駒込土物店縁起碑
- 100m 2分
- 8 高林寺
- 100m 2分
- ゴール ▼南北線 本駒込駅（1番口）

4 吉祥寺／二宮尊徳・榎本武揚の墓所

【1吉祥寺】

1458年太田道灌は江戸城築城時、和田倉付近の井戸から「吉祥」と刻銘した金印を得、瑞祥として西の丸に吉祥庵を建立したのが最初。江戸時代は境内に後の駒澤大学となる学寮「旃檀林」（せんだんりん）が作られ繁栄、「昌平黌」と並ぶ漢学の一大研究地だった。

【2二宮尊徳・榎本武揚の墓所】

吉祥寺境内にある墓所や墓碑。いくつかの譜代大名・旗本の江戸菩提寺で、国許の菩提寺に葬られるはずの遺骸が諸事情により、当寺に埋葬されている。

▲吉祥寺境内にある二宮尊徳の墓所

▲吉祥庵を建立したのが吉祥寺の最初

▲吉祥寺境内にある榎本武揚の墓所

5 南谷寺《なんこくじ》／目赤不動

江戸初期に万行和尚が伊勢国赤目山で不動明王像を授けられ、尊像を護持して諸国を巡り、駒込村の動坂に庵を開き赤目不動と号す。三代将軍家光が鷹狩中に動坂の庵に寄り、目黒・目白不動に対し目赤と呼べと命じ、現在地を下賜。江戸五色不動の一つとなる。

▲江戸五色不動の一つ

6 駒込のやっちゃ場

駒込土物店《つちものだな》のことで、駒込付近の農民が江戸へ青物を売りに行く途中、天栄寺境内にあった「さいかち」の大樹に憩い、分荷したのが最初。都内最古の市場で神田・千住の両市場と共に青物三大市場の一つ。幕府御用市場として栄えた。

◀辻のやっちゃ場ともいわれる

▲将軍家の武運長久の祈願寺として創建された

▲駒込土物店跡は文京区の登録史跡となっている

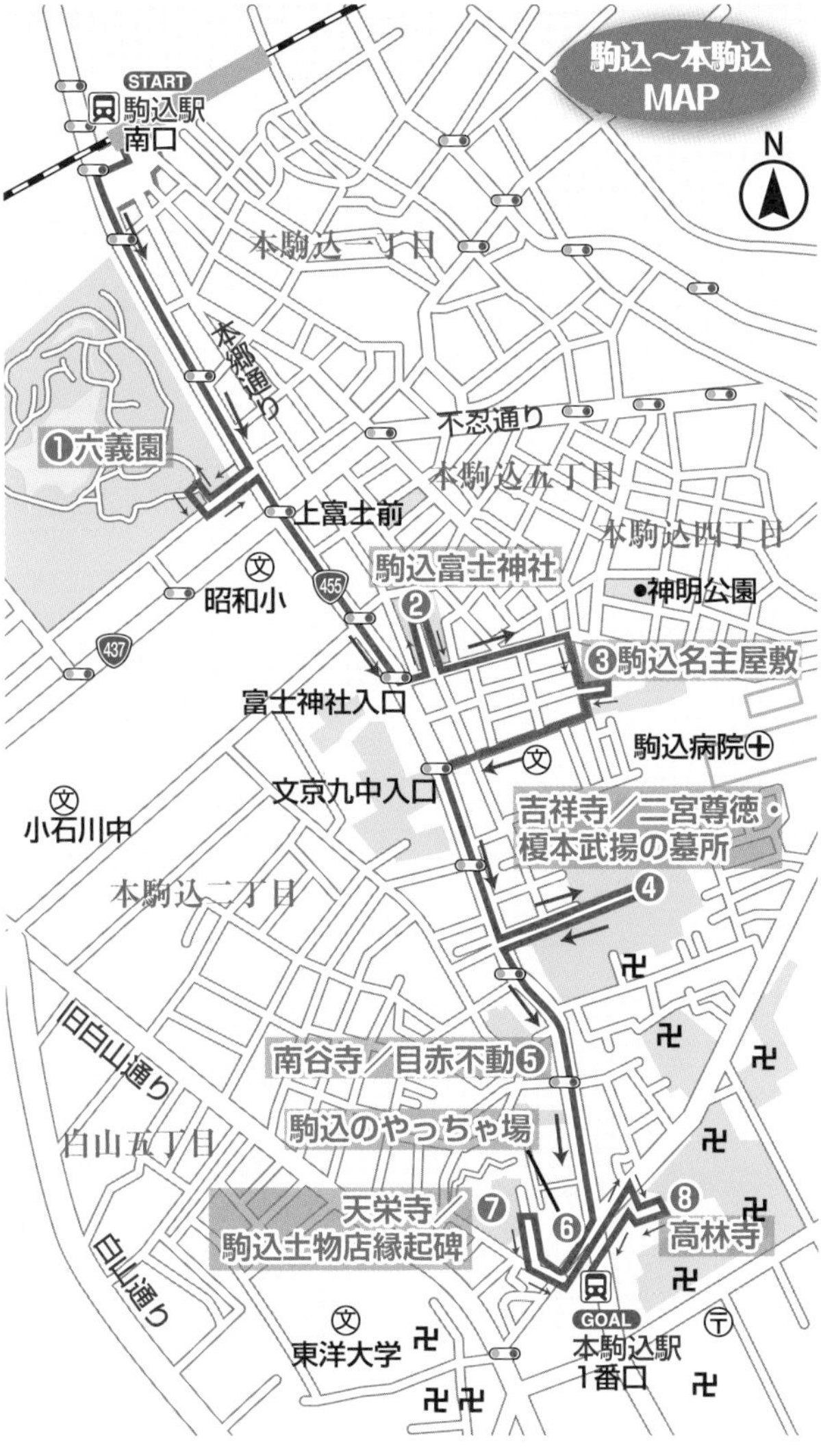

7 天栄寺／駒込土物店縁起碑

天栄寺の門前に2本の標識があり、左は「駒込土物店（つちものだな）跡」、右は「江戸三大青物市場遺跡」があり、当初は地元の生産者と消費者、後に幕府の御用市場になった。駒込土物店跡は文京区の登録史跡。境内に「駒込土物店縁起」と刻まれた大石がある。

8 高林寺

1596年開基。1691年、綱吉の命により将軍家の武運長久の祈願寺として創建。のちに神田から現在のお茶の水に移転。境内に名水が湧き、お茶を立てて将軍に献上したことから「お茶の水」という名がついたという。蘭学者で医師だった、緒方洪庵の墓所がある。

24 小石川・駒込・巣鴨をめぐる③

巣鴨から江戸城まで、皇女・和宮《かずのみや》とともに歩く

▲大久保屋敷跡

アクセス　【行き】ＪＲ・巣鴨駅（南口）
【帰り】半蔵門線・九段下駅（4 番口）

総距離…約 7.1km　**徒歩による所要時間**…約 1 時間 40 分

コースガイド

ＪＲ・巣鴨駅から白山通りを南へ。千石駅前交差点から左に伸びる❶旧白山通りに沿って進み、白山上交差点から180ｍほど下った1つめの角を左折すると❷大円寺がある。通りへ戻って本郷税務署の前を通ってさらに南下し、本郷通りへ入ってしばらく進むと❸加賀藩屋敷跡・御守殿門（東大赤門）がある。

さらに本郷三丁目交差点を通過し、壱岐坂上信号の先から本郷通りをはずれて右へ向かい、❹順天堂大学前へ。神田川に沿って進みお茶の水橋を渡ると❺御茶ノ水駅へ出る。

そこから坂を下った左手に建つ杏雲堂病院の植え込みに❻大久保彦左衛門屋敷跡の碑がある。

さらに坂を下った右手、明治大学紫紺館の向かいから伸びる下り坂が❼富士見坂。坂を下りきって靖国通りを右折して神保町交差点を左折し、共立女子大学を過ぎて右折すると❽雉子橋へ出る。

橋を左折すると❾清水濠へ出る。堀に沿って西へ向かうと❿清水門に出る。

さらに進み千代田区役所の前を過ぎると東京メトロ・九段下駅に出る。

▲白山通り（301 号）と旧白山通り（国道 17 号）に分かれる千石駅前交差点

各史蹟解説

① 旧白山通り

江戸時代は中山道で土井大炊頭・酒井雅楽頭・土井大隅守の下屋敷跡があり、中山道の雰囲気が残る。国道17号線内（千石駅前交差点以北）は都内で震度6弱以上の地震が発生した場合、発生直後は「緊急自動車専用路」、その後「緊急交通路」となる。

② 大円寺

1597年開創。江戸前期に現在地に移り「駒込の大円寺」と呼ばれた。幕末の砲術家の高島秋帆、小説家で樋口一葉を終生助けた斉藤緑雨の墓所がある。八百屋お七を供養するための「ほうろく地蔵」が有名。頭痛・眼病・耳鼻・首から上の病を治してくれるという。

▲中山道の雰囲気が残る旧白山通り

▲八百屋お七を供養するための「ほうろく地蔵」で有名な　大円寺

コースと所要時間

- スタート　巣鴨駅（南口）▼JR山手線
- 900m　11分
- 千石駅前交差点
- 40m　1分
- ① 旧白山通り
- 800m　10分
- 白山上交差点
- 40m　1分
- ② 大円寺
- 1500m　19分
- ③ 加賀藩屋敷跡・御守殿門　●東大赤門
- 1100m　14分
- ④ 順天堂大学前
- 300m　4分
- ⑤ 御茶ノ水駅
- 200m　3分
- ⑥ 大久保彦左衛門屋敷跡
- 300m　4分
- ⑦ 富士見坂
- 900m　11分
- ⑧ 雉子橋
- 200m　3分
- ⑨ 清水濠
- 400m　5分
- ⑩ 清水門
- 400m　5分
- ゴール　九段下駅（4番口）▼半蔵門線／東西線

3 加賀藩屋敷跡・御守殿門

（東大赤門）

正式名称は「御守殿門」。東大は加賀藩上屋敷跡にあり、御守殿とは三位以上の大名に嫁いだ徳川将軍の姫、及び居住する奥御殿を指す。その門は丹塗りで御守殿門（赤門）という。赤門は焼失後の再建が許されないため、当時から現存する唯一の赤門。

▲当時から現存する唯一の赤門

4 順天堂大学前

1838年、下総佐倉藩主堀田正睦が招聘した佐藤泰然が江戸薬研堀（現東京都中央区東日本橋二丁目6番8号）に蘭方医学塾（和田塾）を開学したのが順天堂大学の最初である。順天堂大学医学部は、170年以上の日本の医学校としての歴史と伝統がある。

▲方医学塾（和田塾）を開学したのが順天堂大学のはじまり

5 御茶ノ水駅

1904年飯田町から御茶ノ水駅が開業し、御茶ノ水の路線が開通。御茶ノ水〜中野で1日28往復、新宿まで10分間隔の運転だった。当時の御茶ノ水駅は現在地よりも新宿寄り、御茶ノ水橋を挟んで反対側にあり、その駅舎跡に神田警察署お茶の水交番がある。

▲新宿まで10分間隔の運転だった

6 大久保彦左衛門屋敷跡

現在の杏雲堂病院の周辺は、駿府城で家康没後、江戸に帰る駿府詰の家康直属の旗本たちに屋敷地を割り当てた「駿河台」という場所だった。現在の大規模ビルは全て武家屋敷跡に建つ。杏雲堂病院入口の植え込みに「大久保彦左衛門の屋敷跡」の石碑がある。

▲現在の杏雲堂病院の周辺は旗本たちに屋敷地を割り当てた場所だった

7 富士見坂

御茶ノ水駅前から大学通り・文坂《ふみざか》が駿河台地をゆるやかに下る。この坂が靖国通りに突き当たる直前に、「富士見坂」がある。勾配がほぼ無い、長さ100mほどの坂道はマツキヨ脇の歩道に柱碑がある。江戸時代にこの坂から見えた富士山は、もはや見えない。

8 雉子橋

日本橋川上流、皇居内堀に最接近する場所に架かる。首都高の竹橋ジャンクションに覆われているが。名称は家康が朝鮮通信使饗応のため、好物の雉子を囲ったのがこの辺りだったから。江戸初期に既に架橋されており、今より約100m上流に東西に架かっていた。

9 清水濠

雉子橋を南に進むと皇居内堀の清水濠に出る。竹橋から北へ続く水面が清水濠。この濠は江戸城北の丸の東側を守る。大手濠から平川濠、清水濠は橋で隔てられているだけなので、実際には一体の濠である。たまに白鳥がいるので探してみるのも一興。

▲かつてはこの坂から富士山が見えた

▲家康が好物の雉子を囲ったのがこの辺りのため命名された雉子橋えた

◀江戸城北の丸の東側を守る清水濠

10 清水門

（コース3／P20参照）

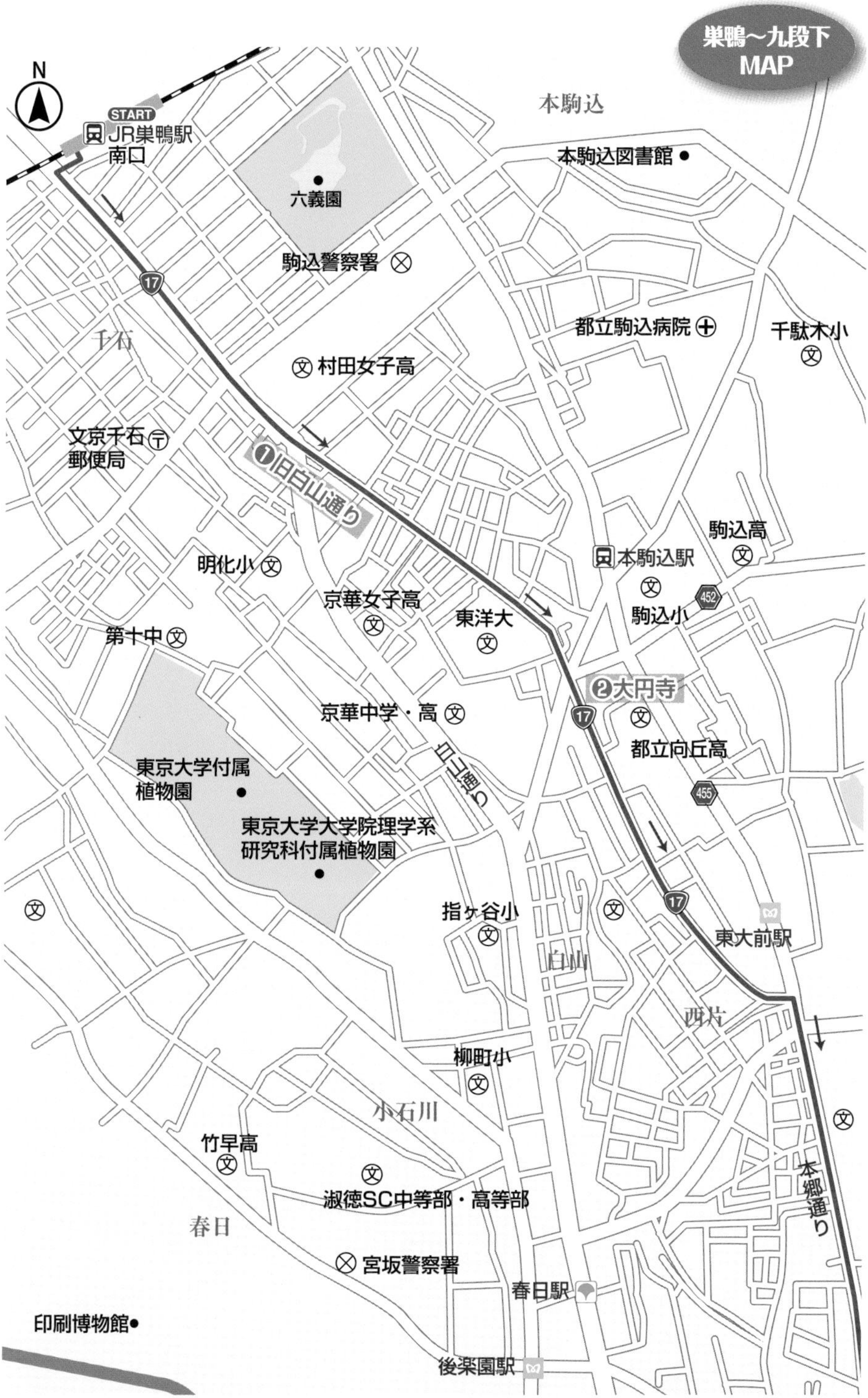
巣鴨〜九段下
MAP
N
START
JR巣鴨駅
南口
本駒込
本駒込図書館
六義園
駒込警察署
17
千石
都立駒込病院
千駄木小
村田女子高
文京千石
郵便局
❶旧白山通り
駒込高
本駒込駅
明化小
452
京華女子高
駒込小
東洋大
第十中
❷大円寺
京華中学・高
17
白山通り
都立向丘高
東京大学付属
植物園
455
東京大学大学院理学系
研究科付属植物園
17
指ヶ谷小
東大前駅
白山
西片
柳町小
小石川
竹早高
本郷通り
淑徳SC中等部・高等部
春日
宮坂警察署
春日駅
印刷博物館
後楽園駅

左ページ地図へと続く

右ページ地図から続く

N
小石川
宮坂警察署
春日駅
東京大
東京大学
総合図書館
東京大学
医学部付属
病院
❸加賀藩屋敷跡・
御守殿門(東大赤門)
東京大学総合
研究博物館
本富士警察署
本郷三丁目駅
本郷
小石川後楽園
日本サッカー
ミュージアム
水道橋駅
順天堂大学前❹
東京医科歯科大
ホテルメトロポリタン
エドモント
富士見
日大法学部
猿楽町
❺
御茶ノ水駅
❻
大久保彦左衛門
屋敷跡
富士見坂❼
GOAL
九段下駅
4番口
神保町駅
一ツ橋
日本武道館
清水門❿
清水濠❾
❽雉子橋
錦城学園高
神田錦町
日本国立近代美術館
竹橋駅
17

小石川・駒込・巣鴨をめぐる④

江戸っ子に一番人気だった飛鳥山の桜と、関東のお稲荷さんの総本山

▲旧古川庭園

アクセス　【行き】ＪＲ・駒込駅（北口）
　　　　　【帰り】ＪＲ・王子駅（親水公園口）

総距離…約 3.5km　**徒歩による所要時間**…約 50 分

コースガイド

ＪＲ・駒込駅から本郷通りを北へ向かう。西ヶ原の信号を過ぎると❶旧古河庭園の正門がある。

本郷通りをさらに北上すると通りの中央に❷西ヶ原一里塚が、通り右側の舗道脇にその説明板がある。

さらに通りを進むと❸飛鳥山公園に至る。公園続く歩道橋を使って明治通りを渡り、さらに通りを北へ進む。音無橋の交差点を過ぎたら左手にある階段で音無親水公園へ降りる。

親水公園を王子駅方向に進み、王子神社とホテルロンドンの間の道を左へ入る。そのまま直進し岸町ふれあい館を過ぎると❹王子稲荷神社につく。道をさらに直進すると❺名主の滝公園に至る。来た道を戻り、音無親水公園に入ったら左折するとＪＲ・王子駅に出る。

▲コースのゴールとなる JR・王子駅親水公園口

▲白山通り（301 号）と旧白山通り（国道 17 号）に分かれる千石駅前交差点

各史蹟解説

1 旧古河庭園

最初は陸奥宗光邸だったが、宗光の次男、潤吉が古河財閥創業者・古河市兵衛の養子となり、古河男爵家所有となる。1917年、古河財閥3代目当主の虎之助（市兵衛の実子）がジョサイア・コンドルに設計を依頼して西洋館と庭園を造り、現在の形となった。

▲イギリス人建築家・ジョサイア・コンドルの設計で完成した

2 西ヶ原一里塚

「日光御成道」2里目の一里塚。江戸時代に設置されたままの旧位置を留めて、都内では大変貴重である。大正時代、道路改修工事に伴い撤去されかけたが、実業家の渋沢栄一などを中心とする地元住民の運動により塚の保存に成功、現在に至る。

▲江戸時代に設置されたままの旧位置を留めている

3 飛鳥山公園

言わずと知れた都内有数の桜の名所。8代将軍・徳川吉宗が、庶民が花見を楽しめるように、吉野から桜を移植、整備造成した。都内で最も低いとされる飛鳥山は公園入口から山頂まで、自走式モノレール「あすかパークレール」が片道約2分でつないでいる。

▲8代将軍・徳川吉宗が造成した飛鳥山公園

4 王子稲荷神社

関東稲荷総社の格式を持ち、江戸時代から庶民に親しまれている。大晦日、稲荷の使いである狐が近くの榎の下で身なりを整え、この神社に初詣をするという言い伝えがある。境内にある「狐の穴跡」は、落語「王子の狐」の舞台でもある。

▲江戸時代から庶民に親しまれている王子稲荷神社

コースと所要時間

スタート ▼JR山手線 駒込駅（北口）

800m 10分

1 旧古河庭園

700m 9分

2 西ヶ原一里塚

400m 5分

4 飛鳥山公園

900m 11分

3 王子稲荷神社

100m 2分

5 名主の滝公園

600m 8分

ゴール ▼JR京浜東北線 王子駅（親水公園口）

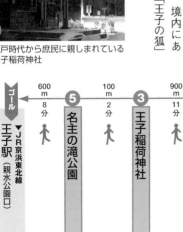

▲安藤広重の「女滝男滝」が名主の滝にあたるといわれている

5 名主の滝公園

王子村の名主・畑野家が屋敷内に滝を開き、お茶を栽培、一般に人々が利用できる避暑のための施設としたのが最初。名称もそのことに由来。時期は１８５０年の安藤広重の「女滝男滝」が名主の滝にあたるといわれ、恐らくそれ以前のことだと考えられている。

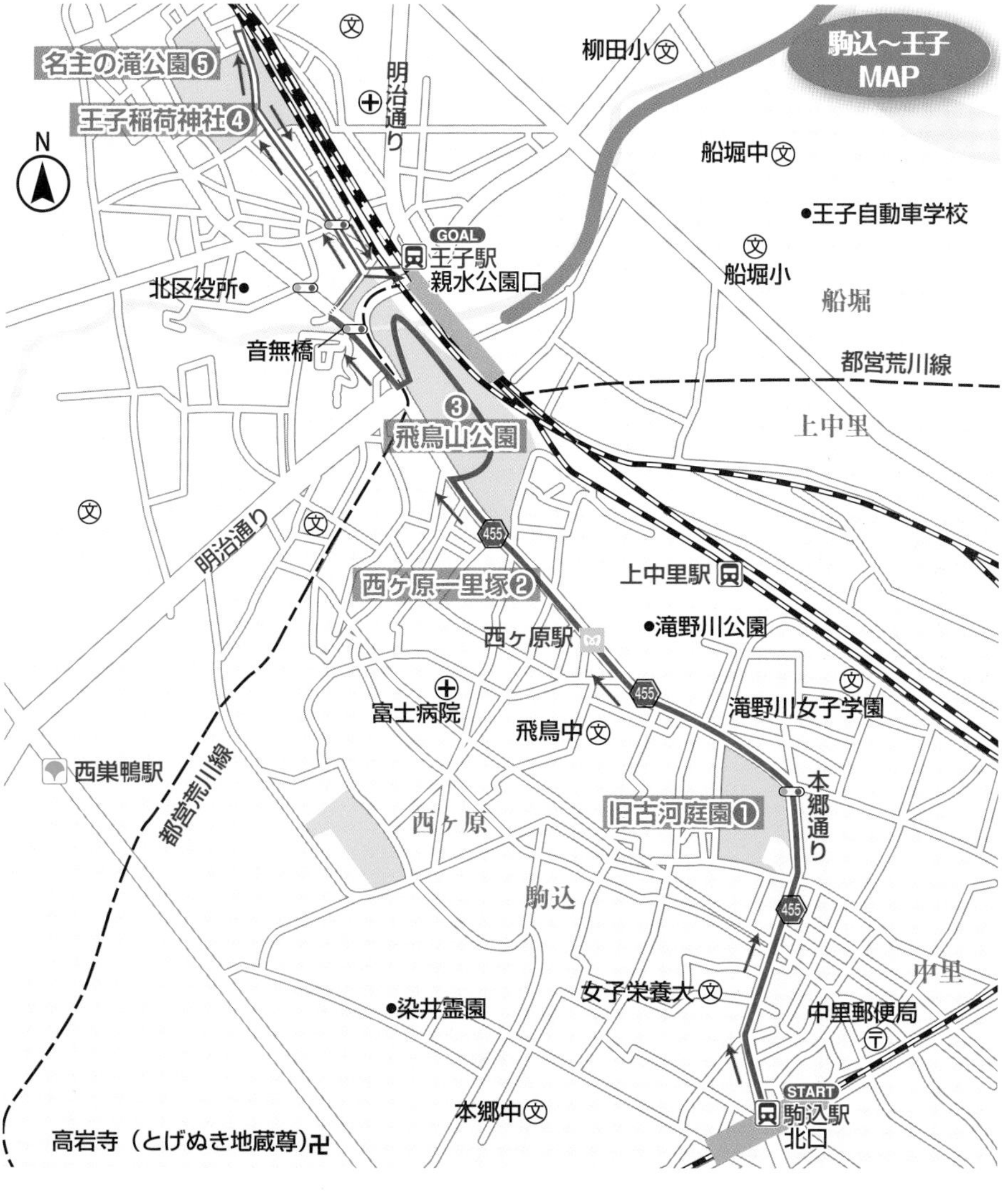

第9章　目白・新宿編

「椿山荘」は松尾芭蕉が4年間住んだ場所なので、行くと名句ができるかも!?

新宿御苑は総理大臣が「桜を見る会」を開催するほどの桜の名所なので、お花見の時期はお勧め！

26

目白・新宿をめぐる❶

かつての大名庭園と大名屋敷跡

▲熊本藩下屋敷跡（水稲荷神社）

アクセス　【行き】JR・目白駅
【帰り】有楽町線・江戸川橋駅（1a 口）

総距離　…約 3km　**徒歩による所要時間**　…約 40 分

コースガイド

JR・目白駅の改札を出て右に曲がり、学習院大学を右手に直進する。「高田一丁目」の信号を右折し、宿坂通りを下ると❶金乗院／目白不動に着く。

門を出て右に曲がり、南の方角に進む。面影橋で神田川を渡り、新目白通りを渡って左に進む。2つ目の角を右に曲がって進むと、つきあたりがマンションになっている。そこを左に曲がると❷甘泉園公園（清水家下屋敷跡）が見える。

公園を出て新目白通りに出て、右へ進む。丁字路を越えて都電荒川線早稲田駅のところで左に曲がり、豊橋で神田川を渡る。橋を渡ってすぐ右折し、川沿いを進むと❸新江戸川公園につきあたる。入口は公園につきあたった地点で左に曲がって進むと見つかる。

公園の出口から左の道を行き、公園沿いをたどっていくと❸水稲荷神社が左手に見える。さらに進むと❹フォーシーズンズホテル椿山荘東京の門が見え、そこから久留里藩下屋敷跡・山県有朋公屋敷跡の史跡を見学できる。門を出て左に進むと、❺神田上水取水口大洗堰跡に到着する。

この一帯は川沿いに細長く伸びた公園の敷地になっている。江戸川公園を抜けて右に曲がり、江戸川橋を渡ると間もなく地下鉄有楽町線・江戸川橋駅に到着する。

各史蹟解説

1 金乗院／目白不動

山号は神霊山、金乗院。江戸三大不動・江戸五色不動の一つで目白不動尊で有名。徳川家光から新長谷寺の本尊・不動明王像に五色不動の一つとして『目白不動』の名を賜り、目白不動明王と呼ばれるようになる。戦災で廃寺後、ここ金乗院に移して祀っている。

▲江戸三大不動・江戸五色不動の一つ

2 清水家下屋敷跡（甘泉園公園）

御三卿の一つ・清水家の下屋敷で、回遊式庭園。「甘泉園」の名は、ここから湧き出ていた湧き水がお茶に適していたから。明治時代に相馬子爵邸、のちに早稲田大学の付属施設となるが、後は東京都に売却、新宿区へ譲渡され、現在に至る。

▲かつては早稲田大学の付属施設であった

3 熊本藩下屋敷跡（新江戸川公園・水稲荷神社）

神田上水が開かれて以来、関口水門の守護神として祀られて

▲関口水門の守護神として祀られてきた水稲荷神社

▲約３万８千坪の広大な敷地を有していた（写真は新江戸川公園の入口）

コースと所要時間

- スタート　▼JR山手線 目白駅
- 1100m　14分
- 1 金乗院／目白不動
- 500m　6分
- 2 清水家下屋敷跡　●甘泉園公園《かんせんえんこうえん》
- 800m　10分
- 3 熊本藩下屋敷跡　●新江戸川公園・水稲荷神社
- 250m　4分
- 4 久留里藩下屋敷跡・山縣有朋公屋敷跡　●フォーシーズンズホテル椿山荘東京
- 200m　3分
- 5 神田上水取水口大洗堰《ぜき》跡　●江戸川公園内
- 100m　1分
- ゴール　▼有楽町線 江戸川橋駅（1a口）

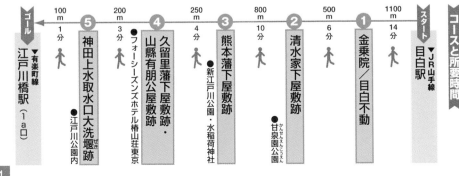

きた神社。熊本藩細川家下屋敷がこの一帯に来たのは幕末。最初3千坪だったが少しずつ拡張、新江戸川公園・永青文庫を含む神田上水から目白通りに及ぶ約3万8千坪の広大な敷地となっていた。

4 久留里藩下屋敷跡・山縣有朋公屋敷跡
（フォーシーズンズホテル椿山荘東京）

南北朝時代から椿が自生する景勝地「つばきやま」と呼ばれ有名だった。江戸前期に神田上水の水役だった松尾芭蕉が（関口芭蕉庵）4年間住み、以後は上総久留里藩下屋敷があった。山縣有朋はここを買い取り自邸と庭園を造営、「椿山荘」と命名した。

▲山縣有朋が自邸と庭園を造営し、「椿山荘」と命名した

▲神田上水の取水口を「大洗堰」という

5 神田上水取水口大洗堰《ぜき》跡
（江戸川公園内）

神田上水取水口大洗堰《ぜき》（石柱）跡がある。神田上水の取水口を「大洗堰」といい、ここで江戸川の水を堰き止め水位を上げ、一気に流れ落とした勢いで神田上水に給水。取水口に流水量調節の「角落」という板をはめる石柱のことで、当時のものである。

「徳川御三卿」について

ここでは「甘泉園」を擁した清水家および他２家で構成される「徳川御三卿」を紹介したい。

徳川将軍家には本来、家康の息子３人で創設した「御三家」がある。言わずとしれた、尾張・紀州・水戸で、「神君家康公の御子息にして将軍家の御連枝の家」であるがゆえに、極めて特別な大名として存在した。設立目的は「将軍家にもし世継ぎが不在の場合、この３家から将軍後継者を出す」ことで、家康の血が絶えないように編み出されたものだ。

ところが御三家筆頭の尾張は３代将軍・家光と当時の当主が仲が悪かったことがいつまでも後を引いたのか、どうも警戒され将軍や大奥に疎まれがちであったようで、おまけに８代将軍・吉宗に反逆的藩政をした当主が死後までも罪人とされたため、御三家筆頭でありながら遂に将軍を１人も輩出できずに終わった。
それどころか後半は夭折や早世、無嗣子など絶家状態に近くなり、将軍家へ血筋を補うどころか反対に「将軍家から子息を養子として迎え入れざるを得ない」ことがしばしばだった。

水戸家は江戸定府とされ参勤交代はなかったが、他に紀州という大藩がいるおかげで、なかなか３番手にまで将軍の御鉢は来ない（最後の慶喜など、一部は違うが）。

紀州から将軍となった吉宗は御三家以外にも血筋を絶やさぬためにと考え、息子２人にそれぞれ家を興させる。それが御三卿のきっかけで、のちにもう１家増えて御三卿となる。
この最後に増えた１家こそ、「御三卿・清水家」であるが、清水家から直接は将軍は輩出されていない。

御三卿は大名扱いされた御三家と決定的に違う点があった。それは「御三卿は将軍の家族である」とされていたこと。家族扱いだということは、御三卿の屋敷が「江戸城内にあること」でもわかるし、知行地が無いこともそうである。石高の10万石は「大名ではなく将軍の家族であるため領地はなく、将軍家からの小遣い」という感じで「賄い料」という名称であることも、それを示している。

御三卿の特徴の特異な点として、他には「しばしば当主不在になる」ということがある。
本来なら「無嗣子および絶家ならば、その家は断絶」なのに、御三卿に限っては絶家状態となっても潰されることはなかった。それゆえ「当主不在の時期」があったり、さっきの尾張のように「将軍の子息が当主として御三卿へ入る」こともしばしばあった。

特に清水家は、実子のなかった初代・重好以来、維新時に至るまで実子による相続が皆無であり、養子入りして幼少で当主となった者が多い特徴がある。
加えて御三家に転出した当主が相次ぎ、一時的な断絶を繰り返し、御三卿の中で最も出入りが激しい家であった。1795年の重好死去時、無嗣子なので「当主不在」となり、所領・家屋敷・家臣は一時的に幕府に収公。
しかし清水家の特筆すべきことは、なんといっても1846年から長らく「20年にも及ぶ当主不在（明屋敷）時代があったこと」である。

27 目白・新宿をめぐる❷

馬を必死に駆けさせて獲得した広大な敷地

▲太宗寺の銅造地蔵菩薩坐像（江戸六地蔵の３番目）

アクセス 【行き】丸の内線・新宿御苑駅（2 番口）
【帰り】JR・新宿駅（東口）

総距離 …約 2.9km　**徒歩による所要時間** …約 40 分

コースガイド

地下鉄新宿御苑駅2番口から左へ進むと、右手に❶四谷大木戸跡の石碑が見える。石碑からは、もときた道を戻り、「新宿一丁目」の信号を左折すると正面に新宿御苑の大木戸門がある。

大木戸門の右手には、御苑に沿って散歩道があり、新宿御苑の旧新宿門まで続いている。そこを新宿（旧新宿門）方向に進み、「新宿一丁目南」の信号を右に「新宿一丁目西」の信号を渡る。直進して最初の曲がり角を左に入るとすぐに❸太宗寺が見える。

太宗寺を出て通りに出、左に進む。「新宿一丁目北」の信号を左に曲がると、❹正受院に到着する。すぐ左には❺成覚寺が隣接している。門を出て左に進み、「新宿五丁目東」の信号を渡り、「新宿五丁目」の信号で右折する。明治通りを北上すると、左手に❻花園神社が見える。

神社を出て右に曲がり、明治通りを南下する。「新宿三丁目」の交差点で左折すると、❼新宿追分跡に到着する。その後もときた道を戻り、「新宿三丁目」交差点を左折する。「新宿四丁目」の信号を渡って直進すると、左手に❽天龍寺が見える。

天龍寺からもときた道を戻り、「新宿三丁目」の信号で左折し、直進するとJR・新宿駅東口に到着する。

各史蹟解説

1 四谷大木戸門跡の石碑

江戸時代、四谷にあった、甲州街道から江戸へ出入りする人や荷物を取締った木戸。1792年に木戸の撤去後も四谷大木戸の名は残った。現在の東京都新宿区四谷4丁目交差点がそうで、新宿区立四谷区民センターの脇に「四谷大木戸門跡の碑」がある。

▲甲州街道から江戸へ出入りする人や　荷物を取締った木戸

2 太宗寺

新宿御苑（内藤家江戸屋敷跡地）で有名な信州高遠藩内藤家の菩提寺で、江戸六地蔵の第3番。1596年頃に僧・太宗の草庵「太宗庵」が最初。1629年、安房国勝山藩主の内藤正勝の葬儀を行ったことが内藤家との縁の発端であり、菩提寺として歴代藩主や一族の墓地が置かれた。

▲内藤家の菩提寺として歴代藩主や一族の墓地が置かれた

3 正受院

會津松平家菩提寺。戦前までは容保公の墓所もあったが会津若松市の松平家院内御廟へ改葬されたため、現在は何も無い。毎年2月8日に針仕事に用いた針への労いと、裁縫の上達を祈願する「針供養大法要」が行われる。読経し特大の豆腐に針を刺して供養する。

▲戦前までは容保公の墓所もあった正受院

コースと所要時間

スタート ▼丸の内線 新宿御苑前駅（2番口）
350m 4分
1 四谷大木戸門跡の石碑 ●四谷四丁目交差点
800m 9分
2 太宗寺
300m 4分
3 正受院
20m 0分
4 成覚寺／子供合埋碑
500m 6分
5 花園神社
400m 5分
6 新宿追分跡
250m 4分
7 天龍寺／櫓時計と時の鐘
600m 8分
ゴール ▼JR 新宿駅（東口）

4 成覚寺／子供合埋碑

【1 成覚寺】

1594年創建。内藤新宿の飯盛女たちの投げ込み寺で、奉公中に死んだ彼女達は裸で俵に詰められ、投げ込むように葬られた。その数は2200とも3000余りとも。他には「黄表紙」という新ジャンルを成立させた戯作者の恋川春町、暦学者の塚本明毅が葬られている。

▲内藤新宿の飯盛女たちの投げ込み寺　だった成覚寺

【2 子供合埋碑《こどもごうまいひ》】

内藤新宿の旅籠の主人たちが、飯盛女たちの弔いのために建てたもの。1860年、この寺の彼女たちの共同墓地に造立した石造の供養碑。「子供」という名称は、旅籠の主（楼主や店主）が彼女たちを「子供」と呼んでいたため。

▲飯盛女たちの弔いのために建てられた

5 花園神社

1590年より前に、大和吉野山より勧請されたという。酉の市で有名。大鳥神社の祭神・日本武尊が東夷征伐の戦勝祈願後、帰還時にお礼参りをしたことから、日本武尊の命日である11月の酉の日に行われる。

6 新宿追分跡

新宿三丁目の交差点がそう。

▲大和吉野山より勧請された花園神社

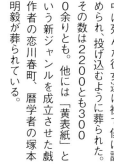

江戸時代は甲州街道と青梅街道の分岐点だった。甲州街道のほうが「五街道」の一つなので、格式が高い街道だった。追分とは元々「牛馬を追い、分ける場所」を意味したが、そこから街道の分岐点も意味するようになった。

7 天竜寺／櫓時計と時の鐘

かつては牛込付近にあり、上野の寛永寺は江戸城の鬼門鎮護、天龍寺は裏鬼門鎮護を担った。梵鐘は「江戸三名鐘」の一つで現存し、除夜の鐘で聞ける。江戸の外れに位置したため通常より早く鐘を鳴らし、内藤新宿で遊行する人々に「追出しの鐘」と呼ばれた。

▲裏鬼門鎮護を担った天竜寺

■監修

瀧島　有（たきしま　あり）江戸文化歴史研究家・作家。

江戸っ子の祖母と時代小説好きの祖父の影響で江戸時代関連の本に囲まれて育ち、小学生の頃から興味深く読み始め、歴史好き・江戸好きになった。

江戸時代でも特に江戸の町や町人・武士の生活文化をこよなく愛し、研究するようになる。

学校や教科書が教えない、江戸の町の武家・庶民の真実の姿、風俗や文化、食べ物などを研究する傍ら、江戸文化研究会「平成江戸幕府」を主宰。会員は日本全国に及び、毎月江戸ツアーと座学の講座には各地から参加して、好評を得ている。

内閣府クールジャパン・アドバイザリーボード・メンバー、江戸文化のラジオ番組「あり先生のお江戸雑学講座」パーソナリティなどを歴任。現在、カルチャースクールで江戸文化講座を持つ。

著書に『あり先生の楽しい江戸文化講座１』（2012 年、パレード社）、『あり先生の名門中学入試問題から読み解く江戸時代』（2015 年 11 月、エネルギーフォーラム社）がある。

【STAFF】
■構成　有限会社イー・プランニング
■本文デザイン　小山弘子
■文　瀧島　有・葛西　愛・津田 容直・森　俊朗
■写真協力　寛永寺・駒形どぜう・コレドロ日本橋・住吉神社・髙島屋
にんべん・山本山・三越・六義園・鷲神社 ほか
■取材協力　すみだフィルムコミッション

江戸・東京　ぶらり歴史探訪ガイド　今昔ウォーキング

2020 年 10 月 30 日　　第 1 版・第 1 刷発行

監　修　瀧島　有（たきしま　あり）
発行者　株式会社メイツユニバーサルコンテンツ
（旧社名：メイツ出版株式会社）
代表者　三渡　治
〒102-0093 東京都千代田区平河町一丁目 1-8
TEL.03-5276-3050（編集・営業）
03-5276-3052（注文専用）
FAX.03-5276-3105
印　刷　株式会社厚徳社

ご意見・ご感想はホームページから承っております。
ウェブサイト　https://www.mates-publishing.co.jp/

編集長：折居かおる　副編集長：堀明研斗　企画担当：大羽孝志／千代　寧

※本書は 2016 年発行の『江戸・東京　ぶらり歴史探訪ウォーキング』を元に加筆・修正を行っています。